Tichy – Schranzhofer

LIBENTER LATINUM !

SO LERNST DU GERN LATEIN.

Lösungsheft 1

Wien 2023

Tichy – Schranzhofer

Libenter Latinum !

So lernst du gern Latein.

Lateinischer Lehrgang
für Jugendliche und Erwachsene

Lösungsheft 1

Übersetzung der Lektionstexte
mit Beantwortung der Fragen zur Texterschließung

Herstellung und Verlag: BoD – Books on Demand, Norderstedt

© 2023 Gertrud Tichy

Bibliografische Information der Deutschen Nationalbibliothek: Die Deutsche Nationalbibliothek verzeichnet diese Publikation in der Deutschen Nationalbibliografie; detaillierte bibliografische Daten sind im Internet über dnb.dnb.de abrufbar.

ISBN: 9783744885904

I. BESUCH BEI VALERIUS

1. Wer kommt? – Schau: Ämilius und Cäcilius kommen.
2. Gallus und Lydia öffnen (die Tür) und sagen: „Valerius wartet schon."
3. Lydia sagt: „Hier sitzt er und schreibt."
4. Nun treten Ämilius und Cäcilius ein und grüßen.
5. Valerius, Ämilius und Cäcilius diskutieren gerne.
6. Dann speisen sie; sie lachen und trinken. Syrus bedient (sie) gut.
7. Cäcilius erzählt, Valerius und Ämilius hören zu und lachen sehr.
8. Philippus lacht nicht; er schweigt und schreibt sorgfältig (gewissenhaft).
9. Ämilius und Cäcilius bleiben lange; spät gehen sie fort.

Lydia, Gallus und Syrus sind Sklaven; sie werden von Valerius nach ihrer Herkunft benannt.

II. VALERIUS UND SEINE FAMILIE

Wer ist Valerius? Valerius ist ein Römer (ein römischer Mann).
1. Gaius Valerius Crispus ist ein Römer; er ist prominent (hervorragend) und angesehen.
2. Marcus ist ein römischer Junge. Valeria ist ein römisches Mädchen. Sie ist hübsch.
3. Syrus ist nicht frei. Er ist ein Sklave. Valerius ist sein Herr.
4. Claudia ist eine Herrin. Lydia ist eine Sklavin. Sie ist nicht frei.
5. Valerius, Ämilius und Cäcilius sind Römer. Sie sind Freunde und diskutieren oft.
6. Claudia und Calpurnia sind Römerinnen. Die Freundinnen kommen oft zusammen (treffen sich oft).
7. Markus, Gaius und Lucius sind römische Jungen; wenn sie sich treffen, laufen sie und machen Wettkämpfe (kämpfen).
8. Valeria und Cäcilia sind römische Mädchen. Wenn sie spielen, lacht Gaius. Dann sagen sie: „Gaius ist ein Esel."
9. Lydia und Flava sind Sklavinnen. Sie arbeiten, aber sie sind froh, weil ihre Herrin eine gute ist.
10. Gallus und Syrus sind Sklaven; aber sie fürchten sich nicht, weil ihr Herr nicht brutal, sondern gerecht ist. Sie gehorchen und arbeiten sorgfältig.
11. Afer steht heute nicht auf, denn der bedauernswerte Sklave ist krank. Den übrigen tut es sehr leid, dass Afer nicht gesund ist.
12. Philippus ist schon frei. Valerius ist sein Patronus. Er freut sich, weil Philippus gebildet und zuverlässig ist.
13. Hier sitzt Flaccus. Weil er gehorsam ist, freuen sich Valerius und die Kinder.

Valerius behandelt seine Sklaven mit gewisser Menschlichkeit, jedenfalls nicht brutal. Er ist für sie berechenbar. Daher verrichten sie ihre Arbeit nicht mit Missmut, sondern geben ihr Bestes, damit man mit ihnen zufrieden ist. Sie hassen ihn und Claudia deshalb auch nicht. Sie wissen: Es könnte viel schlimmer sein. Der kranke Afer darf sich schonen. Die Reaktion der anderen Sklaven deutet auf ein relativ gutes Klima auch unter ihnen. Philippus hat als Freigelassener eine Sonderstellung in der Hausgemeinschaft; er ist für Valerius eine wichtige Unterstützung, kann er doch nicht nur lesen und schreiben: Er spricht Griechisch als seine Muttersprache.

III. DER WOLF IST LOS

Valeria hat einen Raben und mag ihn sehr. Der Rabe grüßt „Sei gegrüßt!", wenn er das Mädchen sieht. Der Nachbar hat einen Wolf; der Wolf ist groß und schön.

Heute reffen sich Valeria und Cäcilia. Valeria hält den Raben; Cäcilia lacht, weil der Rabe seine Besitzerin begrüßt.

Der Wolf überspringt, als er den Raben bemerkt, die Mauer. Der arme Rabe sieht den Wolf und schreit laut (sehr). Die Mädchen hören den Raben. Warum schreit er? Vor wem fürchtet er sich? Da sehen die Mädchen den Wolf.

Die Mädchen sind nicht furchtsam, aber vor Wölfen fürchten sie sich. Valeria ist still, Cäcilia ruft vergeblich nach Valerius. Valerius hört die Mädchen nicht, weil er weit weg ist. Denn heute trifft er Freunde…

Der Wolf hört das Mädchen, schon greift er es an; auch Männer greift der Wolf an, wenn sie schreien. Nun schreien die Mädchen sehr, sie flehen zu den Göttern und Göttinnen. Die Sklaven pflegen den Garten und hören die bedauernswerten Mädchen. Schon ist Gallus da; dann erscheint auch Syrus. Der Wolf fürchtet sich vor den Sklaven, weil sie lange Stöcke (in der Hand) halten. Dennoch greift er Gallus an, er weicht nicht zurück. Schließlich verjagen die Sklaven den Wolf. So retten sie die Mädchen und den Raben. Alle sind wohlbehalten. Aber was (wäre gewesen), wenn nicht die Sklaven …. Die Mädchen loben die tüchtigen Sklaven sehr. Den Raben lassen sie frei.

Der Wolf geht auf Cäcilia los, weil sie laut schreit und weil er spürt, dass sie Angst hat. Gallus ist als erster zur Stelle, deshalb ist er für den Wolf der erste Angreifer, den es abzuwehren gilt. Erst als er mehreren Männern gegenüber steht, weicht der Wolf zurück.

IV. DER ALLTAG DES VALERIUS

In aller Früh steht Valerius auf und verlangt seine Toga (lässt sich ankleiden). Ein Sklave ist bemüht, dem Herrn zu helfen. Dann begrüßen Claudia und die Kinder den Valerius. Sie nehmen das Frühstück ein.

Ein Pädagoge (= ein Sklave) führt die Kinder zur Schule. Schon müssen sie aufbrechen. Sie beeilen sich, denn ein strenger Lehrer erwartet die Kinder und sie dürfen nicht zu spät kommen.

Was macht Valerius? Er ist ein berühmter Anwalt. Er ist gewohnt, viele Männer anzuhören. Denn viele pflegen Valerius einen Morgenbesuch abzustatten, weil sie Geld schuldig sind, viele, weil sie sich Nahrungsmittel oder Geld erhoffen. Wer ist heute da? Wen muss er unterstützen? Alexander tritt ein, er ist ein Freigelassener und bittet um Geld. Weil seine Kinder krank sind, muss er einen Arzt rufen. Statius tritt ein. Er ist ein Römer. Er begrüßt Valerius (kommt zum Morgenbesuch), weil er sich auf die Reise nach Kampanien begibt. Er fährt in sein Landhaus, weil sein Verwalter weder die Felder noch die Gärten gut pflegt.

Dann muss Valerius in die Kurie eilen oder einen Prozess führen, danach pflegt er in die Thermen zu gehen. Dort ist gewöhnlich eine große Menschenmenge. Schließlich besuchen Freunde den Valerius oder Valerius besucht einen Freund. Sie pflegen lange zu bleiben. Doch Valerius trifft seine Freunde nicht, wenn er Briefe schreiben muss.

Heute erwartet Claudia Valerius schon. Die Sklavin Lydia deckt den Tisch. Nach dem Abendessen schreibt Valerius.

5:00   Aufstehen, ankleiden, schnelles Frühstück
6:00   Morgenbesuche
8:00   Kurie oder Gericht (Prozess)
13:00   Thermenbesuch
18:00   Essen im Freundeskreis, heute aber zu Hause
20:00   Büro

V. EIN PRODIGIUM

Valerius wollte auf das Forum eilen, aber Flaccus lag vor der Haustür. Als der Sklave die Tür öffnete, hält Flaccus seinen Herrn von der Tür ab (er hindert ihn, aus der Tür zu treten).Valerius fragt: „Was ist denn los?" Sieh, da fällt ein Ziegel von Dach herunter, trifft Valerius aber nicht. Das Vorzeichen erschreckt Valerius. Er betet zu den Göttern und dankt ihnen für den Schutz. Er bittet die Götter um Schutz, weil Gefahren drohen (wie er glaubt). Daher gehen die Freunde ohne Valerius fort.

Valerius saß mit Claudia im Garten, wo sie über Vorzeichen diskutierten.

Da kommt Licinius, einer von den Freunden, und berichtet ein großes Unglück:

„Die Freunde waren nicht weit vom Forum entfernt, wohin viele Männer eilig unterwegs waren. Sie hörten einen Lastwagen und sahen ihn. Auf dem Lastwagen waren Holzbalken, ein Sklave lenkte die Pferde. Eine große Menschenmenge war auf der Straße. Eine so große Menge ließ die Pferde scheuen. Die Männer schrien auf, einer von den vielen hielt die Pferde auf, aber sie stürzen den Wagen um. Die Holzbalken fallen auf die Straße, und verletzen Cäcilius. Denn ein Holzbalken trifft seinen Arm. Dennoch fällt Cäcilius nicht unter die Holzbalken. Aber ein anderer Mann liegt unter den Holzbalken…

Die schlechte Nachricht schockiert Claudia. Sie ruft aus: „Was wäre, wenn nicht Flaccus…" Valerius schweigt. Mit Apollodor, einem berühmten Arzt, besucht er den bedauernswerten Freund…

Valerius glaubt, dass der herabfallende Dachziegel, der ihn durch das merkwürdige Verhalten seines Hundes nicht getroffen hat, ein Zeichen der Götter war. Sie wollten ihn vor einem drohenden Unheil warnen. Deshalb bleibt er an diesem Tag zu Hause.
Licinius berichtet von einem schweren Unfall: Durch scheuende Pferde stürzt ein mit Holzbalken beladener Lastwagen um und begräbt einen Passanten unter sich. Cäcilius wird von einem Balken am Arm verletzt. Deshalb besucht ihn nun Valerius in Begleitung eines Arztes. Ärztliche Hilfe war in Rom teuer, Valerius wird wohl das Honorar bezahlen; er ist dankbar, nicht selbst in den Unfall verwickelt worden zu sein, und hat Mitgefühl mit seinem Freund.

VI. UNTERWEGS NACH KAMPANIEN

Der Freigelassene Stephanus verwaltet das Landgut des Valerius bei Stabiä. Dort arbeitet eine große Schar von Sklaven und Sklavinnen. Valerius schickt, weil er einen Acker des Nachbarn kaufen will, den Titus, den Sohn des Ämilius, gemeinsam mit Philippus nach Kampanien. Er gibt ihnen Geld, Briefe, Sklaven, Pferde und einen Wagen mit, weil er Statuen von Göttern und römischen Dichtern in sein Landgut schickt.

Bei Capua bricht ein Felsbrocken ein Wagenrad. Weil die verlässlichen Sklaven den Wagen bewachen, holt Titus mit Philippus Hilfe. Sobald sie wieder zu dem Ort zurückkommen, finden sie dort weder den Wagen noch die Sklaven. Sie rufen die Sklaven. Antworten sie? Keineswegs. Hören sie nicht? (=Sie hören doch!) Ist etwa in Italien der Wagen geraubt worden?

Die Freunde verzagen nicht. Sie holen Hilfe von den Duumvirn (Bürgermeistern). Aber sie bleiben nicht da, sondern führen ihre Angelegenheit (ihren Auftrag) aus. Dann kehren sie wieder nach Capua zurück. Beim Tempel des Merkur steht die geraubte Merkurstatue!

Die Duumvirn befragen alle Einwohner von Capua. Weil einer der Sklaven alles aufdeckt, finden sie den Wagen und die Pferde. Sie fragen Philippus: „Wessen Wagen ist das? Ist das euer Wagen?" Philippus sagt: „Das ist unser Wagen. Sieh her: Meine Briefe." Titus sagt: „Dein Pferd, unsere Pferde sind hier." Aber weder ihre Sklaven noch die restlichen Statuen tauchen auf.

Auf dem Landgut des Valerius arbeitet eine große Anzahl von Sklaven und Sklavinnen. Der Betrieb wird von einem Verwalter, der selbst ein Sklave ist, verwaltet, er vernachlässigt aber seine Aufgabe.
Valerius ist offenbar ein Kunstsammler. Er erwirbt verschiedene Statuen, um sein Haus und seine Villa in Kampanien damit auszuschmücken.
Titus und Philippus müssen Valerius detailliert Bericht erstatten. Das Verschwinden der Sklaven und der Statuen wird ihnen sehr peinlich sein. Für die Wiederbeschaffung des Wagens und der Pferde wird sie Valerius loben.

VII. TRAU, SCHAU, WEM!

Die Freunde standen Cäcilius bei. Sobald sie den Beklagenswerten aufheben wollten, erschien Regulus; er ist bekannt, aber er ist kein Ehrenmann. Er strebt immer nach Geld und immer nach seinem Vorteil. Er spricht: „Sagt der Glücksgöttin Dank, dass Cäcilius lebt! Tragt den Armen nach Hause!"

Sobald Cäcilius die Augen öffnet, befiehlt Regulus den Sklaven, den Freunden und der Tochter des Cäcilius: „Geht hinaus!" Weil sie das nicht wollen, sagt Regulus: „Cäcilius ist in großer Gefahr. Bleibt im Atrium und opfert den Göttern und Göttinnen!" Schließlich gehorchen sie.

Dem Cäcilius befiehlt Regulus: „Zeig deinem Regulus deinen Arm, Cäcilius. Sag mir, mein armer Freund, ist dein Testament schon geschrieben?" Cäcilius, der um seinen Arm fürchtet, ruft aus: „Gute Götter, steht mir bei! Regulus, hilf deinem Freund!"

Regulus sagt dem Beklagenswerten: „Hör zu, vertraue der Medizin der Zauberin Colchica! Sie verkauft den Kranken Kräuter, sie gibt den Bemitleidenswerten das Leben zurück. Wer kennt sie nicht? Vertrau deinem Regulus die Aufgabe an!"

Cäcilius will nicht, aber er traut sich nicht, sich dem Regulus zu widersetzen. Da tritt Apollodor ein. Er vertreibt Regulus. Dem Cäcilius trägt er auf: „Bewege deinen Arm, Cäcilius!" Er schaut ihn sorgfältig an, dann lacht er und sagt: „Glaub einem erfahrenen Arzt: Es ist keine Gefahr." Cäcilius glaubt den Worten des Apollodor. Wie freut er sich! Er verlangt Wein. Regulus aber ist wütend, weil er ohne Geld fortgeht.

Regulus tut wichtig und erfahren und nützt die Sorge der Freunde des Cäcilius um dessen Gesundheit aus. Er schürt beim gerade aus der Ohnmacht erwachten Cäcilius Ängste und täuscht Lebensgefahr vor. Sein betuliches, vertrautes Verhalten lässt dem Kranken keinen Spielraum einer eigenen Entscheidung. Nur durch das Dazwischentreten des Arztes wird verhindert, dass Cäcilius dem Betrüger Regulus Geld für den Kauf einer angeblichen Medizin gibt.

VIII. RUFUS UND FLAVA

Wer von den Sklaven verlacht Rufus nicht? Der neue Sklave des Valerius, ein suebischer Kriegsgefangener (ein kriegsgefangener Suebe) kann nur wenige Worte Latein. Wenn Rufus über seine Heimat erzählt, freut er sich über das Interesse der Sklavin Flava. Flava kennt die suebischen Sprache (kann Suebisch). Sie schenkt Rufus eine Münze. Rufus trägt dieses Geschenk immer bei sich. Schon denken sie nicht mehr an sich selbst, sondern sie leben für einander. Sie lieben (einander) und halten sich für glücklich.

Mit großem Eifer arbeiteten sie im Garten, als Afer mit einer Leiter die Statue des (Kaisers) Vespasian umstößt. Valerius befragt die Sklavenschar: „Sag, Flava, durch wessen Schuld ist die Statue zerbrochen?" Flava weiß es nicht. Afer schweigt, weil er den Zorn seines Herrn fürchtet. Da ruft Rufus: „Flava ist nicht schuld!"

Valerius sagt: „Wer von euch ist schuld? Du, du Barbar? Ich habe vor, dich zu verprügeln und zu verkaufen.

Flava sagt: „Rufus will mich nur vor der Strafe bewahren. Er ist nicht schuld. Bitte trenne uns nicht. Verzeih uns, Herr!"

Valerius: „Keinesfalls!"

Rufus ruft zu seinen Göttern. Wie er sieht, bereitet Valerius schon Fesseln vor. Die Sklavinnen warnen Flava: „Wenn der Herr dir nachgibt, bringt er sich selbst in Gefahr. Eure Götter aber denken nicht an euch (kümmern sich nicht um euch). Flava antwortet, obwohl sie weint: „Mein Gott kümmert sich um mich und um uns." Plötzlich jagt Flaccus den Wolf des Nachbarn durch den Garten, sie stoßen dabei die Statue der Diana um. Da lässt Valerius den Rufus los. Mit großer Freude dankt Flava ihrem Gott.

Valerius reagiert so streng, weil es sich der Majestätsbeleidigung schuldig machen würde, wenn er den Bruch einer Kaiserstatue nicht bestraft. Der Verdacht fällt auf Rufus, weil Afer schweigt und Rufus voreilig für Flava spricht, um sie zu schützen. Afer und Rufus sind in der Sklavenschar des Valerius Außenseiter; Afer ist oft krank, Rufus kann kaum Latein. Flava, die wie Rufus Suebin ist, scheint Christin zu sein, da sie nur einen Gott anruft und zu ihm eine persönliche Vertrauensbeziehung hat.

IX. GETREIDE AUS ÄGYPTEN

Das Getreide gelangt aus den Provinzen nicht nach Rom, weil die Winde (für die Schifffahrt) ungünstig sind…

Valerius: „Welcher Gott ist erzürnt? Neptun selbst? Die Bestrafung welches Verbrechers fordert er? Welches Opfer verlangt er? Ich wurde wohl zu meinem Elend geboren! Was für einen Triumph bereitet das meinen Feinden! Was für eine Feindseligkeit steht mir bevor! Woher kommt mir Hilfe? Ich fühle es: Ich bin verloren!

Claudia: „Was für Sorgen hast du, Valerius? Ich will dich nicht quälen. Aber ich will und muss wissen: Aus welchem Grund fürchtest du Feindseligkeit? Den Zorn welcher Leute, welche Feinde fürchtest du? Ich verstehe nicht: Wem verweigerst du Hilfe? Bedenke: Welche Freunde hast du doch! Welche Gefahr gibt es also? Du weißt doch: Wenn wir nicht verzweifeln, sind wir nicht verloren.

Valerius denkt: ‚O ihr Frauen! Weil wir euch behüten, führt ihr ein ruhiges Leben. Was versteht ihr von den Schwierigkeiten, die wir durchmachen! (Wie unwissend seid ihr doch der Gefahren, die …!) Wenn wir euch unsere Gefahren, die ihr nicht kennt, erzählen, dann seid ihr ängstlich. Warum wollt ihr die Sorgen kennen, unter denen ihr leidet? Ihr wollt uns nicht quälen, aber ihr quält uns. Warum willst du nicht schweigen?‘ - Er sagt: „Was wir wünschen, glauben wir gern.“

Ein Bote tritt ein: „Sei gegrüßt, Valerius, ich bin ein Sklave des Chrysippus, dessen Schreiben ich dir überbringe. Sieh sein eigenes Siegel. Eben die Ladung Getreide, die du erwartest, ist aus Ägypten eingelangt…

Valerius: „Den Göttern sei Dank! Aus welcher Gefahr befreist du mich! Wegen der Getreideversorgung drohte mir der Zorn des Volkes. Du vertreibst endlich die Sorgen, wegen denen wir schon verzagten.

Claudia denkt: ‚Warum wolltest du mir nicht vertrauen?‘ – Sie sagt: „Solange ich lebe, hoffe ich.“ Sogleich eilt Valerius mit Philippus zu Chrysippus nach Ostia.

Valerius ist als Ädil für die Getreideversorgung der Stadt Rom persönlich verantwortlich. Hungert das Volk, droht ein Aufstand, ihm der politische Ruin und sogar der Tod. Valerius informiert seine Frau nicht darüber; Frauen sind in Rom nur für den Haushalt und die Kinder zuständig, wirtschaftliche Belange sind ausschließlich Männersache. Sie würden Frauen, da diese im Vergleich zu Männern einer geringeren Bildung erhalten, auch tatsächlich überfordern. Auch in einer harmonischen, respektvollen Beziehung ergibt sich daraus eine gewisse innere Distanz zwischen Mann und Frau: Claudia, eine kluge und überdurchschnittlich gebildete Frau, spürt, dass sie nicht in allen Belangen Vertraute ihres Mannes sein darf, und kränkt sich vermutlich. Ihre Bildung zeigt sich in den Literaturzitaten, die sie verwendet.

X. AM ALTAR DER DIANA IN SYRAKUS

Aulus Vettius grüßt Valerius.

Du wirst dich über meinen Brief freuen. Dennoch wirst du zweifeln: Ist Vettius noch bei Trost? Und du wirst das, was ich berichte, nicht für wahr halten: ich habe die dir geraubten Sklaven wieder beschafft. Wann werden sie da sein? Sie werden bald (bei dir) erscheinen. Wenn uns der Statthalter der Provinz Afrika hilft, werden wir am 1. Juli in Rom sein.

Ich war in Syracus bei Timotheus. Beim alten Tempel der Diana schrie eine Menge: „Das ist ein Unrecht!“ Da sitzt ein Sklave auf dem Altar und ein Römer geht auf ihn los. Timotheus befiehlt den Syrakusanern zu schweigen. Er fragt den Römer: „Was hast du mit diesem zu tun?“ Der antwortet: „Ich bin Cornelius Severus, ich bin sein Herr.“ Einer von denen, die dabei stehen, ruft: „Auf diesem Altar ist er unantastbar!“ Severus aber fordert (beansprucht) seinen Sklaven. Timotheus fragt seinen Sklaven: „Was ist denn los?“ Der Sklave antwortet: „Dieser ist nicht mein Herr. Ich nenne den C. Valerius Crispus meinen Herrn. Dem diene ich. Er wird dir dasselbe berichten wie ich.“ Er nennt die dir geraubten Sklaven und gibt die Statuen und ihr Aussehen an. Ich bestätige das, was er erzählt und frage: „Welcher Verbrecher…?“ Er antwortet: „Sie nennen ihn Lupus (Wolf). In Capua verkauft er Sklaven. Er beschäftigt sich auch viel mit Raubüberfällen, das Raubgut übergibt er seinen Komplizen. Sie leben in Utica, ihre Geschäfte sind dunkel (geheim). Ich selbst blieb krank in Kampanien, dann diente ich dem Severus in Sizilien. Aus Abscheu gegen ihn dachte ich mir: Jahrelang will ich hier nicht bleiben. Ich werde mein Heil in der Flucht suchen, indem ich zu einem Tempel laufe. Da bin ich, der Diana sei Dank!" Da lässt Severus von seinem Sklaven ab. Die Prokonsuln werden uns helfen, dennoch sende Philippus. Wir werden den Sieg über die Verbrecher sicherlich erringen. Lebe wohl!

Geschrieben in Marsala, am 1.Mai

Vettius wurde in Syrakus Zeuge einer bemerkenswerten Szene: Einer der entführten Sklaven des Valerius, der inzwischen vom Syrakusaner Severus gekauft worden war, flüchtete sich auf den Altar der Diana im Tempel der Stadt Syrakus – dort ist er unantastbar, da Eigentum der Göttin. Er deckt mit Hilfe von Vettius und dessen Freund Timotheus, eines angesehenen Syrakusaners, die Machenschaften eines gewissen „Lupus" auf, der mit seinen Komplizen von Raub und Sklavenhandel lebt. Da Vettius von dem Überfall auf die Sklaven des Valerius weiß, kann er den Bericht des Sklaven bestätigen. – Nach römischem Recht ist der Kauf von gestohlener oder geraubter Ware nicht gültig. Severus muss daher einsehen, dass Valerius der rechtmäßige Herr des Sklaven ist und er ihm diesen zurück erstatten muss.

XI. ZU BESUCH IN COMUM

Quintus Valerius ist 40 Jahre alt. Als Prokurator von Rätien erwarb er sich große Anerkennung (großes Lob) des Kaisers, aber wegen seines Gesundheitszustands geht er aus der Provinz fort. Von Augsburg eilt er nach Verona, von wo aus er mit seinem Bruder Comum aufsucht. Nach den Mühen eines langen Winters sehnt er sich nach dem Landgut, wo er geboren wurde, nach der hellen Sonne, nach den schönen Blumen.

In Comum kosten die Brüder den neuen Wein, sie betrachten die Porträts ihrer Vorfahren; sie erinnern sich an ihren Vater, einen römischen Ritter von großer Tapferkeit, und an die Mutter, eine sehr schöne Frau. Über deren Leben und Sitten haben sie ein langes Gespräch. Es kommen Gäste: C. Plinius Secundus mit seiner verwitweten Schwester, C. Iulius Nummosus, ein alter Mann, mit dem jungen L. Nonius Torquatus.

Nummosus: Ich verdanke dem Nonius mein Leben. Ich war unterwegs nach Carnuntum und nahm unter einem hohen Baum mein Essen ein, als ein Bär erschien. Ich stehe auf, da versagt mein Fuß. Ich schreie laut (um Hilfe). Mein Sklave, ein Suebe von Geburt, wirft große Steine. Ich verzweifle schon an unserer Rettung, als Nonius, ein Militärtribun, uns aus der Gefahr befreit. Meine Wertsachen aber sind verloren, mein Fuß schmerzt sehr. Nonius, ein Mann aus höchstem Stand, Sohn eines Konsuls, kommt mir, einem Mann aus dem gewöhnlichen Volk zu Hilfe. Mit seiner Hilfe gelange ich in die Stadt Carnuntum. Er hilft mir mit Geld aus, dann kehrt er in sein Militärlager zurück. Die Sitte unserer Vorfahren lebt auf, solange es junge Männer von so großer Tapferkeit (Entschlossenheit) gibt.

Plinius: Nach der Lex Iulia (dem augusteischen Gesetz) muss Nonius bald heiraten. Deine Tertia, Crispus, ist ein 15-jähriges Mädchen. Willst du mir diese Sache nicht vielleicht anvertrauen?

Valerius: Gerne will ich das, wenn Amor (der Liebesgott) hilft…

Valerius reist gemeinsam mit seinem Bruder nach Comum, ihren Geburtsort, um sich dort auf dem Landgut zu erholen. Sie bekommen Besuch. Nummosus erzählt von einem abenteuerlichen Zusammentreffen mit einem Bären, das er nicht überlebt hätte, wenn ihn nicht der Militärtribun Nonius, der zufällig vorbei kam, gerettet hätte. Besonders beeindruckte ihn die entschlossene Hilfsbereitschaft des Nonius, eines Mannes aus bester Gesellschaft. Ohne auf den Standesunterschied zu achten brachte Nonius den verletzten Nummosus in Sicherheit.

Plinius, der die Chance erkennt, macht dem Valerius den Vorschlag, die Ehe zwischen Nonius und Tertia anzubahnen. Valerius ist einverstanden, stellt aber dezent die Bedingung einer Liebesehe, was für römische Verhältnisse eher selten ist.

XII. EIN WAGENRENNEN

Kurz zuvor sagte Valerius zu Tertia: „Ich werde deinen Bitten nachgeben: Du bist schon 15 Jahre alt, wenn du willst, wirst du den Wagenrennen beiwohnen. Die Menschenmenge wird dich nicht bedrängen. Wir werden angenehme Stunden verbringen. Was du sehen und hören wirst! Die höchsten Männer der Stadt werden zusammenkommen." Tertia gefallen freilich die Pferde viel mehr.

Im Zirkus sagt Claudia: „Schau, da ist Calpurnia, und das ist ihre Schwester. Da ist ja auch Nonius, ein Mann von großem Talent. Das habe ich mir gewünscht!" Tertia sitzt zwischen ihrer Mutter und Nonius. Ihm gefällt das Mädchen mit den leuchtenden Augen, einer perfekten Figur und großem Charme. Sobald jener Mensch, der hinter Tertia sitzt, diese mit den Füßen anstößt, warnt ihn Nonius: „Hüte dich! Wenn du diesem Mädchen lästig bist, wirst du mich kennenlernen!" Er zeigt Tertia die Pferde: „Diese gehörten dem König der Briganten. Im Krieg sollten sie ihm den Sieg über die Römer bringen. Aber sie sind gemeinsam mit jenem und dessen Sohn gefangen genommen (erbeutet) worden. Im Frieden werden sie dem Victor, einem gebürtigen Britannen, hier den Siegespreis bringen.

Tertia: „Dein Eifer gefällt mir nicht. Ich werde mich nicht über den Sieg dieses Barbaren freuen. Warum favorisierst du ihn? Schau dir diese Pferde an. Die wird deiner da nicht besiegen. Tuscus, siege!" Die Augen des Mädchens leuchten zornig auf, sogar das macht sie hübsch.

Nonius: „Ich widerrufe jenes. Ich halte zu demselben wie du."

Tertia: „Ein anderer kommt an ihn heran, er bedrängt den Victor. Vor der Zielsäule ein Unfall! Das will ich nicht sehen!

Nonius: „Sie entgehen der Gefahr. Schau, es siegt Tuscus!"

Die Zuschauer brechen in lautes Geschrei aus. Die Menschenmenge drängt Tertia ab, vergeblich ruft sie nach ihren Verwandten; aber Nonius steht ihr bei und begleitet sie nach Hause.

Tertia ahnt nicht, dass sich Nonius für sie mehr interessiert als für das Wagenrennen. Sie hat nur Augen für die Pferde und favorisiert einen einheimischen Wagenlenker. Nonius, der als Militärtribun auf den Sieg der Römer über die Briganten stolz ist, favorisiert zunächst den Lenker aus Britannien, schwenkt aber sofort um, als er merkt, dass dies Tertia missfällt. Er spielt gleich ihren Beschützer, als der hintere Sitznachbar Tertia, vermutlich unabsichtlich, mit dem Fuß stößt. Tertia hat sich auf das Wagenrennen extrem gefreut, aber sie ist sensibel und will den bevorstehenden Unfall nicht mit ansehen. Sie benimmt sich noch fast wie ein Kind. Nonius ermuntert sie entsprechend. Indem er sie in der drängenden Menge beschützt und heimbringt, beweist er sein ernsthaftes Interesse an Tertia und sein Verantwortungsbewusstsein. Die Sympathie und der Dank ihrer Eltern sind ihm sicher.

XIII. CADURCUS BEIM BARBIER

Cäcilius: „Sei gegrüßt, mein Freund! Wie sehr habe ich dich vermisst. Du warst in Comum. Was macht dein Bruder? Sein schlechter Gesundheitszustand machte uns Sorge."

Valerius: „Mein Bruder ist gesund, wir verbrachten eine angenehme Zeit. Was habt ihr gemacht? Hast du Cadurcus freigelassen oder nicht?"

Valerius: „Der Barbier hat ihn getötet."

Valerius: „Was?"

Valerius: „Ich besuchte Licinius, mit dem mich eine alte Freundschaft verbindet. Er wohnt auf dem Esquilin. Nachdem wir über den Sieg des Tuscus, über die Sorgen der Armen und der Reichen, über die Unarten des Menschengeschlechts, über die Verbrechen Neros, über die Ehrungen der Kaiser und über unsere Studien gesprochen hatten, ging ist fort. Ich wollte in die Thermen des Agrippa gehen. Im Argiletum sah ich einen Barbier, der in seine Arbeit vertieft war, neben dem einige Buben Ball spielten. Ich dachte: ‚Dieser Platz ist für Arbeiten dieser Art gefährlich.' Ich wollte meinen Weg fortsetzen, als ich Geschrei hörte: ‚Was für eine Wunde!' Ich habe ihm die Kehle durchgeschnitten. Die da haben meinen Kopf mit dem Ball getroffen. Zu Hilfe!'

Die dabei waren, drehten sich nach dem Barbier um. Ich trete näher, betrachte die Leiche und erkenne – meinen Cadurcus."

Valerius: „Gute Götter!"

Cäcilius: „Die Natur hat uns das Leben unter einer Bedingung gegeben: Wir werden dem Schicksal weichen. Wie großer Schmerz erfüllt mich, dass ich ihn so verlor und nicht freigelassen habe."

Valerius: „Mach es dir nicht zum Vorwurf. Cadurcus war ,hinfällig', der Name ist ein Vorzeichen. Seinen Leichnam wirst du gewiss wie den eines Freigelassenen bestatten. Wie beurteilten das die Rechtgelehrten (Juristen)?"

Cäcilius: „Sie stimmen nicht überein. So viele Meinungen gibt es wie Köpfe."

Valerius: „Wirst du gegen den Barbier oder den Vater des Jungen klagen?"

Cäcilius: „Das ist noch nicht klar. Freilich werden sie nur den Geldeswert ersetzen, nicht das Leben des Cadurcus."

Cäcilius hat Cadurcus offenbar geschätzt. Er macht sich Vorwürfe, dass er ihn nicht früher freigelassen hat; dann wäre der Unfall vielleicht nicht passiert; Cadurcus wäre dann zu einem besseren (teureren) Barbier gegangen. Er wird ihn in Ehren bestatten lassen, als sei er sein Freigelassener gewesen. Der Schadenersatz, der ihm möglicherweise zugesprochen wird, kann ihm das Leben des Cadurcus nicht ersetzen.

Dieser Fall wurde – ohne Namensnennung – von einem römischen Rechtsgelehrten als Fallbeispiel überliefert. In Rom hatte der Eigentümer des Sklaven Anspruch auf Schadenersatz. Römische Juristen waren sich aber im konkreten Fall nicht einig, wer diesen zahlen müsse: Der Vater des Knaben, der den Ball als letzter geworfen hat, oder der Barbier, durch dessen Messer der Sklave getötet wurde, weil er seine Tätigkeit an einem gefährlichen Ort ausübte. Ein Jurist behauptet sogar, es stehe dem Eigentümer kein Schadenersatz zu; der Sklave sei selber schuld gewesen, weil er sich an einem gefährlichen Ort rasieren ließ.

Ein österreichisches Gericht würde sich grundlegend dadurch unterscheiden, dass bei uns alle Menschen frei und gleichwertig sind. Die Anklage würde auf „Totschlag" lauten, d. h. Tötung ohne Absicht, durch Unfall oder aus Fahrlässigkeit. Allerdings kennt unser Gesetz Schmerzensgeld, das auch Hinterbliebenen zugesprochen werden kann.

XIV. EINE BÖSE ÜBERRASCHUNG

Licinius: Der Arzt hat mir verboten, in Rom zu sein. Nachdem ich in mein Landgut gekommen war, befahl ich dem Porphyrius Rechnung zu legen. Er verbarg vor mir zwei Rechnungsbücher. Als ich das bemerkte, sagte ich: ,So dumm bin ich nicht, wie du geglaubt hast, du Betrüger!' Daraufhin legte Porphyrius die übrigen Rechnungsbücher auf den Tisch. ,Ich habe keinen Betrug begangen und meine Pflicht nicht verletzt. Indem ich einem Betrüger vertraut habe, habe ich dir einen Schaden zugefügt. Ich wollte dir keinen Ärger bereiten. Dein Wohlergehen (Gesundheit) ist mir lieber als meine. Keinem Mann verdanke ich mehr als dir.'

Cäcilius: „Der ist ja treuloser (hinterhältiger) als die Punier!"

Licinius: „Nein. Er kaufte um einen billigen Preis einige recht schöne Pferde, ohne sie aber ins Eigentum zu übernehmen. Dass er die Pferde teurer schätzte, halte ich für richtig. Aber der, der die Pferde verkaufte, hat sie ihm widerrechtlich übergeben. Statilius Firmus, den du kennst, suchte sie als gestohlen. Weil er sie in meinem Landgut fand, wollte er mich vor Gericht bringen. Da tat es dem Porphyrius leid, so dumm gewesen zu sein und den Hinterhalt nicht bemerkt zu haben. Sogleich gab er die Pferde zurück, oder besser: er führte sie selbst zurück. Unterwegs kam er zu einem Wirtshaus, wo ein Sklave zwei Pferde hielt (bewachte). Das eine stieß die Pferde des Statilius, diese versetzte die Sklaven des Wirtes in Unruhe und einige Amphoren gingen dabei zu Bruch."

Cäcilius: „Stimmen etwa die Rechtsgelehrten überein?"

Licinius: „Jeder meint etwas anderes. Die Meinung des einen ist für mich ungünstig, aber ich fürchte nicht die Prätoren, die Richter und die Rechtsgelehrten. Ich werde mich auf folgende Weise verteidigen: Nach den Gesetzen gibt es keinen Prozess gegen den, der einen Schaden weder durch böse Absicht noch durch Fahrlässigkeit verursacht hat. Dem Porphyrius habe ich verziehen. Der Dieb wird seine rechtmäßige Strafe erhalten."

Porphyrius hätte seinem Herrn die Rechnungsbücher nicht verheimlichen dürfen; er wollte aber seiner ohnedies angeschlagenen Gesundheit nicht schaden. Er hat seine Verwaltertätigkeit redlich ausgeübt, ist aber auf einen Betrüger herein gefallen. Er schämt sich für seine Naivität; der besonders günstige Preis hätte ihn auf einen Betrug aufmerksam machen müssen. Gestohlenes Gut geht durch Verkauf rechtlich nicht ins Eigentum des Käufers über. Für ein gültiges Rechtsgeschäft müssen auch alle vorgeschriebenen Formalitäten eingehalten werden. Das Missgeschick vor dem Wirtshaus ist eine Kettenreaktion widriger Umstände. Licinius ist ein kluger Jurist, er wird sich vermutlich dem Schadenersatz entziehen können; die scheuenden Pferde gehörten nicht ihm; wo weder böse Absicht noch Fahrlässigkeit zu einem Schaden führt, wird kein Prozess eröffnet, da es keinen Rechtstitel für diesen Sachverhalt gibt.

XV. EIN GUTES GESCHÄFT?

Cäcilius: „Ihr wisst, dass Regulus kein ehrenhafter Mann ist."
Licinius: „Wer weiß nicht, dass er ein Denunziant gewesen ist?
Philippus: „Er ist so gefährlich wie eine Schlange. Es steht fest, dass er mehrere Freunde im Stich gelassen hat oder sogar an wütende Feinde ausgeliefert hat. Irre ich mich etwa?"
Valerius: „Kein Senator ist gefährlicher als Regulus. Niemandem misstraue ich so."
Cäcilius: Gestern unterrichtete mich Plinius darüber, dass Regulus sein Landgut, das jenseits des (Flusses) Po lag, auf diese Weise verkauft hat: Statilius erkannte, dass der Preis zu hoch war. Daher wollte er das Landgut nicht kaufen. Regulus wollte, dass er das Landhaus anschaue. Statilius sah, als er dorthin kam, dass einige Sklaven mitten im Keller ein Loch aushoben (gruben). Er fragte: ‚Was sucht ihr?' Sie antworteten, sie suchten einen Schatz. Zehn alte Trinkbecher aus Gold seien dort. Der Herr habe sie versteckt, aber nicht mehr gefunden. Statilius hielt das für wahr. Er merkte nicht, dass sie das auf Befehl des Regulus gesagt hatten. Schon war er gierig nach dem Schatz. Er befahl den Sklaven hinauszugehen. Er kaufte das Landgut samt Inventar und zahlte (gab) den zuvor verweigerten Preis. Als er bemerkte, dass in dem Landhaus kein Schatz war, klagte er Regulus. Seither macht jeder dem anderen den Vorwurf böser Absicht. Regulus lacht darüber, dass Statilius mit ihm wegen des Schadens prozessieren will. Denn obwohl die Rechtsgutachter verschiedener Meinung sind, sind die Gutachten für Statilius ungünstig. Nach der Meinung des einen besitzt er ja, was er gekauft hat; für den anderen steht gar fest, dass Statilius den Schatz verborgen habe und das Landgut um einen allzu geringen Preis gekauft habe."
Valerius: „Sie überspitzen das Recht. Wir brauchen einen zweiten Markus Tullius."
Die Freunde sind einer Meinung: ‚Ein auf die Spitze getriebenes Recht ist das größte Unrecht.'

Regulus täuscht vor, im Keller des Hauses sei ein Schatz vergraben. Er sagt dies aber Statilius nicht selbst, sondern inszeniert eine Situation, aus der Statilius selbst falsche Schlüsse zieht. Statilius wird von falschen Emotionen gepackt, sodass er keine vernünftige Überlegung mehr anstellt. Er glaubt nun, trotz des hohen Preises mit dem Kauf ein gutes Geschäft zu machen.
Regulus verteidigt sich mit dem Vorwurf, Statilius habe den Schatz zwar gefunden, dann aber versteckt und behaupte nun, er sei betrogen worden und es gebe keinen Schatz in dem Landhaus.
Den Gegenbeweis kann Statilius nicht antreten.
Die Freunde sind über die Hinterhältigkeit empört und kritisieren auch die überspitzten Rechtsgutachten; Statilius wird vermutlich nicht Recht bekommen.

XVI. GUTER RAT IST TEUER

Valerius besucht Helvidius Priscus. Dieser ist Rechtsgelehrter und stoischer Philosoph. Aus diesem Grund strebt er nicht nach Gunst, Reichtum und Ruhm, sondern einzig nach der Tugend. Er sagt, der Weg zu den Sternen führe durch Schwierigkeiten (Bitterkeiten). Viele fragen ihn um Rat, weil sie ihn für einen ehrenhaften Menschen halten.
Valerius: „Ich hatte den Cornelius Theophilus aus Massilia eingeladen. Er war in Massilia geblieben, solange wir Nero fürchteten. Nachdem er nach Rom gekommen war, sagte er: ‚Ich schenke dir die Bücher des Homer, die du dir gewünscht hattest.' Diesen Freundschaftsdienst wollte ich erwidern.
Helvidius: „Jetzt willst du es nicht (mehr)?!"
Valerius: „Wenig später standen wir auf einem alten Turm. Während ich dem Theophilus den Fluss und die Häuser (Dächer) zeige, glänzte mein Ring, den ich in Neapel gekauft hatte, in der Sonne. Ich zeigte ihn Theophilus. Er nahm ihn und, weil er über eine dort liegende Axt stolperte, ließ er ihn fallen. Der Ring fiel hinab in den tiefen Tiber. Theophilus wollte hinunter springen, ich hielt ihn mit aller Kraft zurück. Bei mir zu Hause brach er durch einen Fieberanfall (durch die Gewalt des Fiebers) zusammen. Er träumte, dass ich ihn mit 1000 Sklaven angreife und ihn auf Mauern und Türme jage. In großer Angst schrie er: ‚Das ist ja Gewalt! Sie gebrauchen Gewalt! Ich habe zu wenig Kräfte!' Nun ist sein Gesundheitszustand etwas besser, seine Kräfte kehren zurück. Was rätst du mir, Helvidius? Ich hatte viele tausend Sesterzen für den Ring bezahlt. Er war ein Muster an Schönheit. Der Kampf dreier Tiere war eingeschnitten."

Helvidius: „Der Tyrann Polykrates hat, weil er den Zorn der Götter fürchtete, einen Ring ins Meer geworfen, der nicht schlechter war als deiner. Weil ihn die Götter verschmähten, war er ein Zeichen für zukünftige Gefahr. Also verlange den Ring nicht zurück! Kränke deinen Freund nicht! Ein Freund ist ein zweites Ich."

Valerius möchte von Helvidius, den er als stoischen Philosophen, als weisen und integeren Menschen kennt, wissen, wie er sich nach dem Verlust des Ringes durch den Freund verhalten soll. Der Ring war ein sehr teures Stück und ihm sehr viel wert.
Helvidius argumentiert nicht wie ein Jurist, sondern wie ein Philosoph: Er vergleicht das Missgeschick des Valerius mit dem Schicksal des Polykrates und zieht den Schluss: Ein Freund ist mehr wert als ein Ring. Valerius solle kein Unheil durch eine Klage gegen den Freund herauf beschwören.
Ein Jurist hätte Valerius wohl geraten, Schadenersatz einzuklagen. Valerius weiß das wohl, sonst wäre er nicht gerade zu Helvidius gegangen.

XVII. SIEGT AMOR?

Im Sommer meldet Plinius, dass er dem Statthalter die erhoffte Eheschließung vorgeschlagen hat. Er schreibt, jener habe das nicht nur gutgeheißen, sondern seinem Sohn dazu geraten. Dieser habe zugestimmt, berichtet er.
Valerius zeigt den Brief nach dem er ihn gelesen hat, seiner Frau. Diese, von ihm gebeten, sagt der Tochter: „Du bist bis jetzt von uns behütet worden. Ich wurde als 13-jähriges Mädchen von deinem Vater, den ich nicht kannte, geheiratet. Es wurde mir gesagt, ein gewisser Valerius wünsche mich zur Frau zu nehmen (habe um mich angehalten) und mein Vater habe zugestimmt. So umworben, habe ich mich nicht widersetzt. Einige (Männer) waren reicher, die Vorfahren einiger waren berühmter. Dennoch fand man keinen anständigeren (ehrenhafteren) jungen Mann, als mein Großvater der Majestätsbeleidigung angeklagt wurde. Mein Großvater wurde zum Tode verurteilt, seine Schwestern ins Exil geschickt. Seine Söhne wurden auch angeklagt, aber gerettet, ihre Güter aber wurden beschlagnahmt (enteignet). Von vielen wurden wir gleichsam als Schuldige verlassen (viele wendeten sich von uns ab, als ob wir schuldig gewesen wären). Diese fürchteten die ihnen bekannte Grausamkeit Neros. Aber dein Vater stand uns mit größtem Mut zur Seite, obwohl er vor der Gefahr gewarnt war. Von der Anfeindung wurde er keineswegs erschreckt. - Ich erinnere mich an ein bestimmtes Gedicht: ‚*Wie ein Weinstock ohne Ulme, so ist eine Jungfrau ohne einen Ehemann.*' Und gewiss ‚*gehört deine Jungfräulichkeit nicht ganz dir, sondern auch zum Teil deinen Eltern.*'
Tertia: „Das gehört in eine vergangene Zeit und passt nicht in unsere Generation!"
Claudia: „Du bist einem hervorragenden jungen Mann bestimmt"
Tertia: „Einem (mir) unbekannten Mann bin ich ausgeliefert? Ich werde mich weigern, wenn ihr mich zwingt. Einer erzwungenen Ehe werde ich nicht zustimmen"
Claudia: „Nonius wird dir sein, was dein Vater mir …"
Tertia: „Mein Nonius? Der ist mir teurer als mein eigenes Leben!"
Claudia: „Du stimmst also zu? Alles besiegt Amor!"

Claudia wurde dem Valerius von ihrem Vater versprochen, ohne ihren zukünftigen Mann zu kennen. Sie stimmte der Eheschließung zu, weil ihr Vater zugestimmt hatte.
Als ihre Familie durch die Verurteilung ihres Großvaters gesellschaftlich gebrandmarkt war, hielt ihr Ehemann Valerius zu ihr trotz der Gefahr, selbst beim Kaiser in Ungnade zu fallen.
Claudia zitiert hier aus einem Gedicht, das die Haltung der römischen Gesellschaft zeigt: Ein Mädchen brauche einen Ehemann, an dem es sich stützen und festhalten könne. Bei der Wahl des Ehemannes habe eine Tochter auf ihre Eltern zu hören, da ihre Jungfräulichkeit, die sie selbstverständlich bis zur Eheschließung bewahrte, nur zum Teil ihr gehöre. Denn die Eltern, denen diese auch gehöre, seien für ihre Tochter und deren Lebensglück verantwortlich.

XVIII. DIE FREILASSUNG DES PROBUS

Am 1. September kam Vettius nach Rom. Als ein scharfsinniger, mutiger und beharrlicher Mann hatte er die ihm anvertraute Aufgabe nicht in kurzer Zeit ausgeführt. Denn einen solchen Prozess, wie ihn Vettius in Utica geführt hatte, zu gewinnen, ist nicht leicht. Die Angeklagten hatten den Statthalter mit Bitten, Drohungen und Bestechungsgeld zu beeinflussen versucht. Die ganze Stadt hatte sie für ehrenwerte Leute gehalten, sie auf jede Weise verteidigt und auf alle Arten gegen Vettius unterstützt. Eine ungeheure Menge war zusammengekommen. Obwohl es schwierig gewesen war, hatte Vettius, unterstützt von Philippus und Probus gesiegt.

Valerius vergalt diese Freundschaftsdienste auf solche Weise: Dem Vettius, der ein Kristallgefäß zerbrochen hatte, gab er ein ähnliches Kristallgefäß zum Geschenk; dem klugen Philippus schenkte er ein nützliches Buch; dem Probus dankte er auf ganz andere (ungleiche) Art: Ihn beschoss Valerius freizulassen. Denn durch die Zeugenaussage des Probus wurden alle Verbrechen der waghalsigen Verbrecher aufgedeckt. Nicht einmal durch die Schmerzen heftiger Folterungen wurde der Sklave (=Probus) umgestimmt.

Der Amtsdiener des Prätors berührte den demütigen Sklaven mit dem Stab und sagt: „Ich will, dass dieser Mensch nach dem römischen Recht frei sei." Valerius zeigte, indem er schwieg, dass er zustimmte. Probus nahm den „Hut der Freiheit" entgegen, er wurde mit dem römischen Bürgerrecht ausgestattet. Es tat ihm allerdings leid, von Pönula getrennt zu werden. Diese Sklavin des Vettius, die entschlossen, mutig und liebenswürdig war, hatte ihn gepflegt, solange er wegen der Wunden, die er durch ein scharfes Schwert erlitten hatte, darnieder lag.

Valerius erkannte, dass Probus sie liebte. Der weise Mann weiß, dass das Glück wandelbar ist; ihm liegt Reichtum nicht am Herzen, sondern Freundschaft und Menschlichkeit. Er will geachtet, nicht gefürchtet werden. Treue will er nicht bestrafen. Daher gibt er dem freigelassenen Probus die Pönula zur Frau, nachdem er sie gekauft und freigelassen hat. Sie sind glücklich.

Vettius ist in Syrakus ein Fremder, wenn auch römischer Bürger. Die ganze Stadt ist in Aufregung und unterstützt die Verbrecher, die man für unschuldig hält. Das könnte den Statthalter, der den Urteilsspruch fällen wird, leicht beeinflussen. Die Angeklagten selbst versuchen, ihn mit allen Mitteln auf ihre Seite zu bringen. Vettius kann den Prozess nur durch die Aussagen des Philippus und des Probus gewinnen. Probus wird als Sklave gefoltert, da nach römischem Recht die Aussage eines Sklaven nur unter Anwendung von Folter gültig ist!
Das erklärt die Großzügigkeit des Valerius, der nicht nur Probus freilässt, sondern ihm auch seine Geliebte Pönula zuführt. Valerius will, dass dem Glück des Probus nichts im Weg steht.

XIX. EIN UNLIEBSAMER ZWISCHENFALL

Man hört Geschrei. Der Senator Larcius Macedo tritt ein. Mit Mühe stützt man ihn, sein linkes Auge ist geschlossen.

Valerius, von Mitgefühl bewegt, sagt: „Larcius, setz dich. Du scheinst krank zu sein. Man wird einen Arzt rufen." Licinius fragt er: „Was ist denn passiert?"

Licinius: Er badete in den Thermen. Sein Sklave stupste einen römischen Ritter, der den Weg nicht frei gab (der im Weg stehen blieb), mit dem Finger. Dieser schlug - nicht den flinken Sklaven, sondern den Herrn, der sich nicht vorsah (der sich nicht gehütet hatte), nieder. Larcius stürzte zu Boden, erhob sich, verlangte nach Wasser und fiel wieder nieder. Ich kam ihm zu Hilfe.

Larcius schreit seine Sklaven heftig und überheblich an: „Ich habe euch befohlen, ihn niederzuhauen. Warum hört man nicht auf mich? Werden wir so verteidigt? Ich werde von heftigem Kopfschmerz geplagt. Ihr scheint euch zu freuen (scheint fröhlich). Ihr werdet daran gehindert werden. Ihr werdet grkreuzigt werden.

Valerius: Du wirst von diesen geachtet, bewacht und unterstützt, wie wir sehen. Treuere Sklaven findet man nicht. Sie werden unschuldig verurteilt.

Larcius: *„Wehre den Anfängen! Zu spät wird ein Heilmittel bereitet..!"* Sie werden gekreuzigt werden.

Valerius: Du wirst von entsetzlichem Zorn bewegt, Macedo. Für einen vornehmen (edlen) Mann ziemt es sich nicht, über das Maß hinaus wütend zu sein. Wenn du sie unschuldig tötest, wirst du allzu grausam genannt werden. Bedenke: *‚Im Zweifel für den Angeklagten.'*

Larcius sagt zu dem unglücklichen Sklaven voll Wut (von Wut angetrieben): „Du wirst auf neuartige Weise bestraft werden: Du wirst lebendig den Muränen vorgeworfen werden." Da schreit jener: „Das ist grausamer als das Kreuz!"

Die Sklaven bitten flehentlich: „Wenn wir geschlagen, verletzt, gefoltert werden, so haben wir einen einzigen Trost: Tot und begraben werden wir ruhen. Wenn du uns, die wir von Sklaverei unterdrückt sind, das nimmst (genommen hast), was bleibt dann über?"

Larcius steht auf und ruft: *„Ich werde euch...!"* Dann bricht er wieder zusammen. Er wird aufgehoben und ruht. Der Arzt lässt ihn nach Hause tragen.

Valerius: „O Zeiten, o Sitten!"

Licinius: „Es ist schwierig, keine Satire zu schreiben...!"

Larcius ist über die Maßen erbost und misstraut seinen Sklaven grundsätzlich. Er will ein abschreckendes Exempel statuieren. Das Sprichwort, das er verwendet, bedeutet etwa: Warte nicht ab, bis ein Übel groß geworden ist, dann kommt jede Gegenmaßnahme zu spät.

Die Sklaven flehen für den unschuldig Verurteilten; sie stellen ihrem Herrn vor Augen, was ihr einziger Trost sei: nach dem Tod bestattet zu werden und von den Mühen der Sklaverei auszuruhen. Nach der Vorstellung vieler antiker Völker war Bestattung Bedingung für einen angenehmen Aufenthaltsort im Jenseits.

Valerius und Licinius erkennen, dass Larcius in seinem Zorn, seinem Misstrauen und seiner Überheblichkeit maßlos übertreibt und suchen nach Argumenten, die ihn besänftigen können. Valerius appelliert an den Stolz des Senators Larcius Macedo, sich seiner gesellschaftlichen Stellung angemessen zu verhalten. Von einem vornehmen Mensch erwartet man Selbstdisziplin, Vernunft und Gerechtigkeit.

XX. BEIM TEMPEL DER IUNO MONETA

Claudia geht mit ihrer Tochter auf den römischen Burghügel hinauf zum Tempel der Juno Moneta. Der Burghügel ist ein Teil des Kapitols, auf dem der berühmte Tempel des Jupiter Optimus Maximus steht. Wie einst Claudias Mutter die Juno verehrte, die ihre Familie schützte, so verehrt sie nun selbst die Göttin. Als sie für ihre Tochter betet, wird ihr ein glückliches Götterzeichen gegeben: Ein kleiner Vogel sitzt singend auf der rechten Hand der Statue (der Göttin); er wird weder durch die Stimmen der Betenden erschreckt, noch vom Mädchen, das näher herantritt.

Dann betrachten sie die ganze Stadt, die Hauptstadt der Welt: Auf der einen Seite sehen sie den glänzenden Tiber, hohe Brücken, das Mausoleum des vergöttlichten Augustus, auf der anderen Seite das römische Forum, das in einem Tal liegt, und den von Palästen gezierten Palatin. In der Ferne aber sehen sie das Albanergebirge, von wo das Wasser ergiebiger (großer) Quellen nach Rom geleitet wird.

Tertia: „Nonius sagte auf meine Frage, dass der Donau-Strom von Wäldern umgeben ist. Er erzählte, dass unsere Truppen dort die Grenzen des Römischen Reiches gegen die Germanen verteidigen. Er sagte, dass diese Feinde sich mit ihren Gebieten nicht zufrieden geben."

Claudia: „Einst wurde Rom (die Stadt) von den Galliern besetzt und der Burghügel belagert. Die Römer wurden in einer Schlacht besiegt, verteidigten die Burg und wurden sehr vom Hunger gequält; dennoch verzichteten sie aus Gründen der Religion auf die Gänse, die der Juno heilig sind. Eines Nachts erklommen die jungen Leute der Gallier den Hügel, weil sie wussten, dass sie von niemandem gehört wurden. Die römischen Soldaten hatten bereits ihre Hunde gegessen. Aber vom Geschrei der Gänse aufgeweckt, sah M. Manlius im Mondlicht einen Gallier auf der Mauer stehen. Diesen tötete er mit dem Speer. Daher wurden die Barbaren vertrieben. So wurden wir durch den Schutz der Juno vor dem schlimmen Schicksal der Sklaverei gerettet.

Der Römer war stolz auf seine Stadt, die er als den Mittelpunkt und die Hauptstadt der Welt betrachtete. Die Arx und das Kapitol waren das Herzstück der Stadt, von der die Römer behaupteten, sie sei niemals eingenommen worden; Anfang des 5. Jhs. v. Chr. wäre Rom fast von den Galliern eingenommen worden, nur durch das Geschrei der wachsamen heiligen Gänse und durch die Geistesgegenwart eines römischen Soldaten wurde die Einnahme vereitelt, die Gallier besiegt, Rom gerettet. Seitdem hatten die Römer nahezu eine Kelten-Phobie, zumal diese in viele, mehr oder weniger kriegerische Völkerschaften zersplittert, nicht nur den ganzen Alpenraum besiedelten, sondern auch die Poebene. Die Römer sahen dies als permanente Gefahr an, zumal es ihnen nicht gelang, stabile Abkommen oder Bündnisse mit den Kelten zu schließen.

Der Blick vom Kapitol über Rom muss in der frühen Kaiserzeit prachtvoll gewesen sein: Auf dem Forum standen große, prächtige öffentliche Gebäude: die Kurie, die Rednertribüne, eine große Zahl von Tempeln, Triumphbögen und Denkmäler; der Palatin, von je her eine noble Wohngegend, beherbergte den kaiserlichen Palast, darunter das Goldene Haus des Nero, am Fuß des Hügels lag der Zirkus Maximus; der Bau des

Kolosseums am gegenüberliegenden Ende des Forums wurde unter Vespasian gerade begonnen…
Die Albanerberge, ein altes vulkanisches Ringgebirge mit dem Albaner See und dem Nemi See, schmückt den Horizont im Nordosten. Es ist für die Trinkwasserversorgung Roms bedeutend, aber auch sagenumwoben und mythisch überhöht: Die sagenhafte Stadt Alba Longa soll der Sohn des Äneas gegründet haben: Nach der römischen Tradition gilt sie als Heimat von Romulus und Remus, somit als die Mutterstadt Roms. Das uralte römische Patriziergeschlecht der Julier soll ursprünglich aus Alba Longa stammen. (https://de.wikipedia.org/wiki/Alba_Longa)

XXI. TUMULT IN EPHESOS

Neulich hatte ich gehört, dass Eutychus aus Ephesos, der sehr kunstverständig ist, vorhabe, einige Statuen zu verkaufen. Ich hatte erfahren, dass diese sehr alt und den Werken des Polyklet sehr ähnlich seien. Ich beschloss, nach Ephesos zu gehen und bestieg ein Schnellschiff (sehr schnelles Schiff). Weil Neptun gnädig war, kam ich in kurzer Zeit nach Ephesos. Ich kaufte jene sehr schönen Statuen.
Nachdem ich den Preis bezahlt hatte, wurde ich von Eutychus, einem sehr reichen Mann, eingeladen. Nach dem Essen wollte ich den sehr berühmten Tempel der Diana aufsuchen. Aber Eutychus geht nicht dorthin mit, obwohl ich ihn darum bitte. Mit Wein malt er einen Fisch auf den Tisch. Daher suche ich den Tempel allein auf; unterwegs treffe ich einen Freund.
Als wir zurückkommen, ergreift die Menge den Eutychus. Nachdem er mich gesehen hat, ruft er: „Geh, solange es dir möglich ist! Geht weit fort, ich bin verloren!" Schon gehen sie auf mich los, ich werde ergriffen und wir werden vor den Statthalter geschleppt. Dieser befragt einige wegen Majestätsbeleidigung Angeklagte, sehr vornehme Leute und Leute sehr niedrigen Standes, jeden Alters, auch ganz junge: „Bist du etwa Christ?"
Einige bestätigten, dass sie Christen seien. Diese ließ der Statthalter hinrichten. Sie wurden zu den wilden Tieren (im Zirkus) gebracht. Obwohl ich vor ihrem Verbrechen erschauere, werde ich doch von ihrem großen Mut und ihrer Standhaftigkeit bewegt. Es wäre sehr leicht gewesen sich zu retten. Trotz angebotener Gelegenheit sorgten sie sich nicht um sich. Sie gingen in den Tod, indem sie Hymnen sangen. Eutychus bewies durch ein Götteropfer, dass er zur Religion der Vorfahren zurückgekehrt ist. Ihn ließ der Statthalter, weil es die Menge forderte, auspeitschen. Mich sprach er von der Anklage frei. Ich wurde freigelassen und ging fort. Das war sehr schwierig, weil die Menge schrie: „Du wirst zugrunde gehen, wie die anderen zugrunde gegangen sind. Wir schonen niemanden. Wir fordern für die Feinde des Menschengeschlechts die Kreuzigung." Weil der Statthalter deshalb seine Meinung änderte, fürchte ich die Todesstrafe. Ich rufe aus: ‚Ich bin römischer Bürger!' Nachdem man diesen Ruf gehört hatte, wurde ich nach Rom geschickt.

Eutycus ist Christ, das zeigt er, indem er einen Fisch auf den Tisch zeichnet. Cornelius Calvus kennt dieses geheime Erkennungszeichen der Christen nicht, er hat überhaupt noch nie etwas von Christen gehört. Eutychus geht nicht mit in den Dianatempel, weil Christen die heidnischen Tempel meiden. Calvus wird völlig zu Unrecht verhaftet und wird Zeuge eines Prozesses gegen Christen. Eutychus rettet sich, indem er seinem Glauben abschwört, aus Angst vor dem Todesurteil. Andere gehen mit Gefasstheit in den grausamen Tod, obwohl sie sich wie Eutychus leicht hätten retten können.
Der Statthalter greift hart durch, gibt aber allen Gelegenheit, das Christsein zu leugnen und zu den alten Göttern zurückzukehren. Niemand wird ohne sein Bekenntnis hingerichtet. Dass sich ein Statthalter von der aufgebrachten Menge beeinflussen lässt, kam des öfteren vor – auch beim Prozess Jesu. Es zeigt aber Schwäche des Amtsträgers und widerspricht grob dem römischen Rechtsverständis.

XXII. KINDERTRÄUME UND WIRKLICHKEIT

Gaius Valerius grüßt seinen besten Bruder.

Badest du schon in unserem See? Das war deine Gewohnheit. Zu Beginn des Sommers sehne ich mich sehr nach dem Landleben. Im Geist wiederhole ich unsere Vergnügungen als Knaben (die Vergnügungen der Knaben). Weil das Landhaus drei Meilen von Comum, 100 Schritte vom See entfernt ist, hatten wir immer leichten Zugang zum See. Wir fingen Fische; wir kannten den Gebrauch von Schiffen und spielten gegen den Willen der Eltern Seeschlachten nach. Zu unseren Lebzeiten wird das Landhaus, das unser Vater nach dem Tod des Großvaters wegen der Schulden kaum erhielt, sicher nicht verkauft werden Welche Schicksalsschläge, welche Stunden des Glücks haben wir dort erlebt (gesehen)! Ich erinnere mich gut, dass wir mit nur wenigen Freunden unseren Hafen tapfer und beständig verteidigten; ich erinnere mich gut, dass wir unter deiner Führung die anderen Jungen schnell und entschlossen attackierten und in einem heftigen Angriff nicht schwer besiegten; im Spiel feierten wir einen Triumphzug.

Neulich erlebten wir im Juni in Rom den bei weitem herrlichsten Triumphzug, den Titus nach dem Fall von Jerusalem über das jüdische Volk feierte, es tut mir leid, dass er ihn in deiner Abwesenheit feierte. Da der Senat und die Beamten den Zug anführten, sah ich alles aus nächster Nähe: sehr viele Opfertiere, deren Hörner von Gold glänzten, Bilder der eroberten Städte und wunderschöne Beutestücke; Gefangene, von ihren Fesseln schwer niedergedrückt, die traurig und langsam vor dem Triumphwagen des Titus gingen. Ich sah Titus auf dem Wagen fahren und die Soldaten des siegreichen Heeres, mit den Feldzeichen schreiten. Wir gingen auf das Kapitol hinauf, wo Titus das Dreitieropfer darbrachte. Nachdem die Opfer glücklich vollzogen waren, wurden dem Volk großartige Spiele geboten.

Komm nach Rom! Wenn du da bist, werde ich dir leicht mehr erzählen. Leb wohl!

Geschrieben in Rom am 5. Juli (im Jahr), als Vespasian zum 3. Mal und Nerva Konsuln waren.

Für Valerius ist das Landgut am Comer See ein Kindheitsparadies, voll mit Erinnerungen an seine Kinderzeit, die er mit seinem Bruder unbeschwert verbrachte.

Der Triumphzug gliedert sich in Senatoren und Magistrate, die den Zug anführen, in die Gruppe der Opfertiere, Träger von Bildwerken und Beutestücken sowie in die Gruppe des Triumphators, vor dessen Wagen die Gefangenen gehen; dann folgen die siegreichen Soldaten mit ihren Feldzeichen. Szenen dieses Triumphzuges zeigt der Titusbogen auf dem römischen Forum.

Ein Triumphzug wird einem Feldherrn unter bestimmten Voraussetzungen zuerkannt, jedenfalls nur für besonders hervorragende, entscheidende Siege. Für die Römer ist ein Triumphzug nicht nur ein prunkvolles Großereignis, er hat zugleich politischen und religiösen Charakter: Der Triumphator vertritt Jupiter, den Schützer des Imperiums. In früher römischer Zeit wurden dabei nicht nur Tiere geopfert, sondern auch prominente Kriegsgefangene, also Menschenopfer.
Auch gebildete Römer wie Valerius können sich der Faszination des Triumphzuges nicht entziehen.

XXIII. EIN GESPENST

In der zweiten Julihälfte (nach den Iden des Juli) verbringt Cäcilius eine sehr angenehme Zeit in Tusculum. Er nimmt das Abendessen mit einer Schar von Freunden ein. Da erscheint Gnäus Cornelius Verus: „Ich habe bei mir zu Hause ein Gespenst gesehen! Ihr wisst, dass Cornelia, die Witwe des Veturius, auf dem Weg nach Troja umgekommen ist. Ich bin ihr Erbe. Ich bin es ihr schuldig, das zurückgelassene Haus, wo ich wohne, mit Bildern zu schmücken: Sie wollte die Hochzeit der Thetis, das Urteil des Paris, den Raub der Helena, die Opferung der Iphigenie, die Niederlage des Hektor, das Trojanische Pferd und die Griechen bei ihrem Aufbruch nach Hause malen lassen. Auch die Taten des gerechten Äneas, des Stammvaters des römischen Volkes, wollte sie malen lassen: Äneas, der aus dem Brand der Häuser und der Ermordung der Menschen entkommt, der sich von Dido verabschiedet, der die Unterwelt (das Reich des Pluto) aufsucht, der im Krieg verwundet wird und schließlich siegt. Diese Bilder konnten aber nicht gemalt werden, weil die Wände Risse hatten. Weil mir das Geld fehlt, kann ich den (letzten) Willen der Cornelia nicht befolgen und werde es auch nicht können. Schon viele schlaflose Stunden hatte ich. Obwohl niemand über seine Möglichkeiten hinaus verpflichtet werden kann, müssen Testamentsbestimmungen dennoch eingehalten werden.
In der Nacht auf gestern hörte ich Kettengerassel und eine gefangene Gestalt, die eintrat und sich annäherte. Wer konnte bei geschlossener Tür eintreten? Ich rufe: ‚Wer bist du? Was willst du?‘ Sieh da: Der traurige Schatten der Cornelia, die mit Ketten gefesselt war. Schweigend ruft sie mich durch Handzeichen in die Säulenhalle; beim alten Brunnen bleibt sie stehen und verschwindet. Letzte Nacht verbrachte ich auf die gleiche Weise. Wenn ich nicht aus meinem eigenen Haus ausziehe, werde ich vor Angst …"
Valerius: „Es ist besser, einen mutigeren Plan zu fassen."
Wenig später findet Cornelius in dem Brunnen einen Goldschatz (eine Menge von Gold), an dem Platz, an dem der Geist verschwand, findet er das Skelett einer gefesselten Frau. An den Zähnen, die mit Gold verbunden sind, erkennt er Cornelia. Nachdem sie feierlich bestattet worden und das Testament ausgeführt worden ist, ist das Haus frei von Geistern.

Gnäus Cornelius hat das Haus seiner Verwandten geerbt; er hat als Erbe die Verpflichtung, ihren letzten Willen zu erfüllen, kann dies aber aus Geldmangel nicht ausführen. Zwei Nächte hindurch erscheint ihm ein Gespenst, sodass er schon den Entschluss fasst, sein Haus zu verlassen.
Valerius gibt ihm keinen konkreten Rat, fordert ihn aber auf, mutigere Entschlüsse zu fassen.
Cornelius beginnt daraufhin wohl, den Brunnen genauer zu untersuchen und im Haus zu graben. Dadurch findet er den Schatz und das Skelett seiner Verwandten. Nach deren ordentlichen Begräbnis und der Ausführung ihres letzten Willens ist er von Gespenstererscheinungen befreit.
Berichte von Gespenstererscheinungen, die auf verübte Verbrechen aufmerksam machen, sind bei seriösen römischen Autoren überliefert. Übernatürliche Geschehnisse fanden in die Tradition aller Kulturen Eingang.

XXIV. NUR EINE FABEL

Bei der Diskussion über den Zustand des Reiches vergleichen die Freunde ihre Zeit (ihr Jahrhundert) mit den früheren.
Licinius: „Ich halte drei Laster für die Ursachen aller Übel: die Habgier, Verschwendungssucht und den Hochmut. Sobald diese ein Volk befallen, verderben sie es."
Cäcilius: „Du hast ganz Recht. Durch diese Laster wird jedes Verbrechen, jede Zwietracht und jede Tyrannei genährt."
Valerius: „Heftig plagt die Menschen und die Staatsgemeinschaften die Habsucht, heftiger die Verschwendungssucht, am heftigsten der Hochmut. Einst richtete sie die Tarquinier zugrunde, in unserem Jahrhundert noch mehr den Caligula, besonders aber den Nero, der nach der Ermordung seiner Mutter und dem Brand Roms verhasst war. ‚Unter allem, was die Könige spinnen, leiden die Achiver‘   -"
Philippus: „Ich erinnere mich an eine Fabel des Äsop: Einst lebten Frösche in größter Freiheit und Eintracht in ihrem Sumpf. Nachdem sich ihre Freiheit in Zügellosigkeit verwandelt hatte, baten sie Jupiter um einen König. Der Gott sprach: ‚Der wird euch befehligen!", und warf einen Baumstamm vom Olymp herab. Was machten die Frösche? Sie flüchteten eiligst. Schließlich beschloss der kühnste

15

Frosch, den König näher zu besehen, obwohl ihn die übrigen mahnten: ‚Was ist, wenn du gefangen genommen wirst? Flüchte, sonst wirst du auf irgendeine Weise bestraft.' Er sagte: ‚Ich habe keine Angst. Ich werde meinen gefassten Plan ausführen.' Er kommt näher, hüpft auf ihn und ruft die Flüchtenden zurück: ‚Ein unbewegliches Holz! Lasst euch nicht täuschen! Macht es wie ich (macht dasselbe wie ich)!' Bald sitzen alle Frösche auf dem Baumstamm und quaken (singen): ‚Dieser König ist unnütz. Jupiter, mach, worum wir bitten! Wir fordern einen neuen König. Wenn du verweigerst, was gerecht ist, was für einen Schaden wird es unter Wasser geben!' Da warf Jupiter eine Wasserschlange vom Olymp. Diese packte alle, die sie wollte, und tötete sie jämmerlich. Vergeblich baten die übrigen Jupiter um Hilfe. Unsere Bitten freilich hat Jupiter erfüllt: Vespasian ist viel besser als seine Vorgänger (als die früheren).“

Die Freunde führen das Ende der Republik, die grundsätzlich eine demokratische Ordnung hatte, auf den moralischen Verfall zurück. Sie nennen Habgier, Verschwendungssucht und Hochmut als Wurzeln allen Übels. Dieser Meinung war auch der römische Schriftsteller Sallust, der den beginnenden Verfall der Republik (1. Jh. v. Chr.) miterlebt hat. Die Freunde kritisieren in ihrer Diskussion die Auswüchse früherer Kaiser, besonders des Nero, der in seiner absoluten Macht furchtbare Verbrechen verübte und Schrecken verbreitete; sie loben Vespasian als einen maßvollen Kaiser. Überzeugte Monarchisten sind sie aber nicht. Die Republik hat freilich keiner von ihnen erlebt, und auch sie pervertierte ja durch Sittenverfall.
Die Fabel, die unter Fröschen spielt, aber Menschen meint, zeigt: Menschen können mit ihrer Freiheit nicht umgehen, sie wollen regiert werden. Mit einem sanften Herrscher, der ihnen ihre Freiheit nicht nimmt, sind sie unzufrieden, ja sie machen sich über ihn lustig. Der nächste König erweist sich als skrupelloser Gewaltherrscher, gegen den es keine Hilfe gibt.

XXV. DER TOD EINES HAUSTYRANNEN

Eine grässliche Sache, die einen Brief wert ist, hat sich ereignet: Larcius Macedo wurde zu Hause von seinen Sklaven getötet. Wir sind über die Nachricht dieses Vorfalls nicht wenig betroffen. Denn täglich wird auch unser Leben der Treue unserer Sklaven anvertraut. Ihre Gewalttätigkeit kann durch nichts ausreichend zurückgehalten werden.

Macedo hatte sein Familienvermögen vergrößert, er war im Staatsdienst tätig. Freilich war er als Herr hochmütig und jähzornig. Er dachte nicht mehr daran, dass sein eigener Vater Sklave gewesen war. Deshalb hielt er seine Sklavenschar von Tag zu Tag grausamer in Schranken. Er starb auf beklagenswerte Weise.

Es waren Feiertage. Auf seinem Landgut in Formiä badete er am Nachmittag. Plötzlich umringen ihn seine Sklaven, sie schlagen ihn ins Gesicht, in die Brust und in den Bauch. Er war zwar ein energischer Mann und – da er fast täglich seinen Körper in allen Belangen trainierte – sehr stark, dennoch konnte er sich, da er nackt und allein war, nicht verteidigen. Auf das heftigste geschlagen, soll er sofort zusammengebrochen sein. Da er bewusstlos da lag, hielt man ihn für tot. Darauf wurde er den treueren Sklaven übergeben, als ob er vom Hitzschlag getroffen worden sei. Alle schienen ihn zu beweinen, alle schienen ihn geschätzt zu haben. Das ganze Haus (alles) war von Totenklage (Geschrei, Gejammer) erfüllt. Da zeigt er durch Öffnen der Augen und durch Verziehen der Miene, dass er noch lebt. Die Sklaven flüchten in alle Richtungen. Einige Tage noch wird er mit Mühe am Leben erhalten. Macedo rächte sich noch als Lebender, wie man Ermordete zu rächen pflegt: Denn die Sklaven wurden gekreuzigt. Am folgenden Tag verschied Macedo.

Unsere Sklaven freilich – von der Hoffnung auf Freiheit bewogen – sind Freunde niedrigen Standes. Aber *niemand ist vor dem Tod glücklich*. Und sie werden nicht durch ein Urteil, sondern durch das Verbrechen ihres Herrn getötet. *Der Weise allerdings bezwingt sein Schicksal durch die Tugend*. Wir werden also nach der Sitte der Stoiker sowohl im Glück als auch besonders im Unglück Gleichmütigkeit (ruhigen Sinn) bewahren. Lebe wohl!

Valerius ist über den Vorfall sehr betroffen, da er erkennt, dass auch sein eigenes Leben von der Gutwilligkeit seiner Sklaven abhängt. Freilich behandelt er seine Sklaven anders als Macedo, Valerius kritisiert, dass der Ermordete grausam, aufbrausend und herrschsüchtig war, obwohl er als Sohn eines ehemaligen Sklaven hätte wissen müssen, was in einem Sklaven vorgeht. Valerius wirft Larcius vor allem Hochmut vor, ein Laster, von dem er schon früher sagte, es sei die Wurzel allen Übels. Valerius hält sich an die Lebensregeln der Stoiker, deren Ideal das Beibehalten der Seelenruhe in allen Lebenslagen ist.

XXVI. HOCHZEITSVORBEREITUNGEN

Valerius wird zu einer Beratung aufgefordert, weil es nötig ist, dass für eine glänzende Hochzeit Tertias nichts fehlt. Er befiehlt seinen Freigelassenen, sich mit verschiedenen Aufträgen auf den Weg zu machen.

„Diese Briefe werdet ihr übergeben. Brecht morgen auf, sobald der Termin der Hochzeit festgelegt ist. Auch die vollen Geldbeutel sind schon vorbereitet, in denen abgezähltes Geld enthalten ist. Das werde ich für die Schmuckstücke verwenden. Man sagt, dass man in Aquileia wunderschönen Bernstein kaufen kann. Versuche und erkunde es, Philippus. Du wirst von Probus unterstützt werden. Dreißigtausend Sesterzen werden euch anvertraut werden oder es werden auch einige (tausend Sesterzen) hinzugefügt werden, falls Decimus und Tiberius Macer ihre Schulden gezahlt haben, wie sie versprochen haben. Du, Alexander, wirst mit Primus nach Brundisium aufbrechen. Sobald ihr in Tarent angekommen seid, werdet ihr Gold, Silber und wunderbare Perlen kaufen. Sobald ich den Tag der Hochzeit kenne (erfahren habe), werdet ihr aufbrechen. Die Sache duldet keinen Aufschub."

Als Probus über die Reise spricht, ruft seine Frau Pönula: „Wenn du so viel Geld erhalten hast, wirst du dir wie Krösus vorkommen!"

Probus: „So viel Geld werde ich nicht haben. Wenn wir die Sache aber aufmerksam erledigt haben, werden wir nach erledigter Abrechnung mit 300 Denaren belohnt (beschenkt) werden."

Pönula: „Wenn du sie erhalten hast, werden sie geteilt werden, wie ich glaube. Gib es zu: Nur ein kleiner Teil wird dir zugeteilt werden."

Probus:" Du irrst dich, die Sache verhält sich weitaus anders. Wie ich zuvor gesagt habe, ich werde 300 Denare erhalten. Die hat mir der Herr versprochen. Er wird dir ein Kleid schenken."

Pönula: ‚Irren ist menschlich.' Aber bedenke: *‚Angenehm sind (erst) die überstandenen Mühen.'*

Alexander, Probus und Primus sind wie Philippus Freigelassene des Valerius; sie sind freie Menschen mit Bürgerrecht, doch ist es üblich, dass Freigelassene für ihre ehemaligen Herrn Dienste und Gefälligkeiten übernehmen; oft bleiben sie im Haus wohnen. Der ehemalige Herr hat die Verpflichtung ihres Unterhalts. Sie übernehmen bei ihrer Freilassung auch den Familiennamen ihres ehemaligen Herrn. Alexander heißt daher jetzt Alexander Valerius, Poenula heißt nun richtig Valeria bzw. Valeria Poenula.

Philippus und Probus sollen in Aquileia Bernsteinschmuck kaufen, Alexander und Primus in Tarent Gold, Silber und Perlen. Valerius gibt ihnen persönliche Schreiben mit und vertraut ihnen viel Geld an. Aquileia, Tarent und Brundisium sind wichtige Hafen- und Handelsstädte an der Adria; Aquileia an der nördlichen Adria war Endpunkt der alten Bernsteinstraße. Es wurde als Kolonie und Militärhafen zur Grenzsicherung gegen die Kelten errichtet. Brundisium, südlicher Endpunkt der Via Appia und wichtigster Hafen für den Personen- und Handelsverkehr nach Griechenland, sowie Tarent waren ursprünglich griechische Städte, die nach der Eroberung der italischen Halbinsel unter römische Herrschaft gerieten. Die römische Hafensäule in Brindisi, dem antiken Brundisium, zeugt noch heute von seiner einstigen Bedeutung, wie die Reste griechischer Tempel in Tarent. Die großflächigen Ausgrabungen in Aquileia zeigen das Forum und den Friedhof der Römerstadt sowie zwei Kirchen aus frühchristlicher Zeit mit gut erhaltenen Fußbodenmosaiken, Friesen und Säukenkapitellen.

XXVII. EIN GASTMAHL BEI TRIMALCHIO

Nachdem Valerius zu einem Freund aufgebrochen war, kommt er kurz vor Sonnenaufgang nach Hause und lacht. Claudia kommt, nachdem sie aus dem Schlaf gerissen worden war, aus dem Schlafzimmer und fragt: „Crispus, was ist passiert?"

Valerius: Nichts ist passiert, Liebste (meine Seele). Ich habe bei Trimalchio zu Abend gegessen. Nach seiner Freilassung war er Maultiertreiber. Nachdem er sich sehr großen Reichtum erworben hatte, veränderte er zwar sein Schicksal, aber nicht seine beschämenden Sitten. Während des Essens will er zuerst über die Nummern seiner Sklaven, die herumstanden, belehrt werden; er hat nämlich seinen Sklaven statt Namen Nummern gegeben. Der eine ist der 444., ein anderer der 1000. Bei einigen tadelt er heftig irgendwelche geringfügigen Fehler, uns widert das an, er unterhält sich dabei. Es folgten Rätselfragen: Die Namen der Speisen waren gefragt: Sobald ich einen Salat mit Schnecke als Garten mit Haus bezeichnete, forderte mich Trimalchio auf: „Sehr gut! Welchen Preis wünschst du dir? Sprich!" Ich antwortete: „Gib mir, was du als nächstes tadeln wirst." Er: „Wenn es dir gefällt,

werde ich es so machen. Ich verspreche es."
Dann wird ein Wildschwein aufgetischt. Trimalchio rezitiert einige Verse des Martial, leicht verändert: Viele würden das Essen lieben, nicht ihn. Die Freundschaft bleibe, das Wildschwein aber verwandle sich in Schwefelfarbe. Indem er das Wildschwein sorgfältiger betrachtet, lässt er den Koch rufen: ‚Ich tadle dich, du Unmöglicher (Schlechtester)! Das Wildschwein scheint nicht ausgenommen zu sein. Hast du das nicht bemerkt? Du wirst bestraft werden. Weil die Gäste für den Bedauernswerten eintreten, befiehlt er: ‚Vor unseren Augen nimm ihn aus!" – Da quellen Würstchen hervor.
Wir applaudierten, als einer ausrief: „Trimalchio, du schuldest dem Crispus den Koch. Obwohl Trimalchio jenen zum Scherz getadelt hatte, riefen die meisten, dass er es versprochen habe. Je heftiger er es verneinte, desto mehr bestanden sie darauf. Weil ich dem Gastfreund nicht den Koch entführen wollte, nahm ich schließlich einen nicht geringen Preis (Geldbetrag) an.

Trimalchio kompensiert seine fehlende Bildung durch verschwenderischen Lebensstil und ständiger Kritik an denen, die ihm untergeben sind; er pflegt das Image des sozialen Aufsteigers, seine schlechten Manieren gebraucht er zur Belustigung. Es macht ihm Vergnügen, dass seine Gäste, alle gebildete Menschen, seine vulgäre Exzentrik geduldig ertragen, manchmal sogar mitspielen.
Valerius hat Humor. Er wünscht sich als Preis für die gelungene Rätselbeantwortung das, was Trimalchio als nächstes tadeln wird. Das dies einer der Sklaven sein würde, ist eigentlich vorhersehbar. Valerius will Trimalchio, der daran nicht zu denken scheint, eine freundschaftliche Lehre erteilen. Das ständige Kritisieren und Nörgeln ist kein schöner Zug.
Trimalchio gibt sein Versprechen vielleicht voreilig und gedankenlos; vielleicht ist er es aber auch gewohnt, sich über Versprechen hinweg zu setzen. Da er den Koch zum Spaß getadelt hat, um seine Gäste zu überraschen, schuldet er Valerius den Koch nicht wirklich; dennoch müssen Versprechen gehalten werden, das meinen auch die Gäste mehrheitlich. „Nur zum Spaß…" gilt nicht.
Valerius hat Grund zu lachen.

XXVIII. EIN BRIEF AN PRISCILLA

Claudia sagt ihrer Priscilla den besten Gruß!
Mit Freude (gern) habe ich erfahren, dass du dich von deiner Krankheit erholst. Ich bitte dich: Vermeide zukünftige Gefahren mit höchster Vorsicht! Verzichte auf Reisen, bis der Husten verschwunden ist. Wir hatten große Sorge, dass du in solche Gefahr geraten bist. Dass du gerettet bist, erfüllt uns mit sehr großer Freude.
Es tut mir leid, dass du bei Tertias glänzender Hochzeit nicht dabei gewesen bist. Alle, die dabei waren, lobten ihre Schönheit und Würde. Dass Nonius zum Quästor gewählt wurde, weißt du bestimmt schon. Bald wird er in die Provinz Asia gehen. Ungefähr zwei Jahre wird er in den Gebieten des Ostens bleiben. Tertia aber hat geschworen, dass sie niemals fern von ihrem Mann sein wird wie Penelope von Odysseus. Sie wird die Begleiterin ihres Mannes sein. Alle, die es hörten, fanden das gut. Ich freilich fürchte um die Tochter, die das Meer überqueren wird. Aber ich selbst werde mit Crispus mitgehen, was auch immer ihm an Gefahr droht.
Außer Tertia ist mir aber auch Gaius Grund zur Sorge und Angst: Er wird nach Griechenland aufbrechen und Korinth, Delphi, Athen selbst - den ersten Sitz der Redekunst, der Weisheit und der Literatur – besichtigen. Dann wird er die dem Festland näher gelegenen Inseln besuchen, Rhodos, Alexandria und die großen Städte Asiens. Wer wird sein Begleiter sein?
Markus bleibt mir vorläufig noch. Crispus wird nach Stabiä gehen, um sich seinen Studien zu widmen. Ich fürchte Erdbeben, weil das Landhaus in Stabiä zu unserer Zeit verwüstet wurde: Damals schienen die Dächer auf mich zu stürzen; voll Angst entkam ich; die Sklavin, die in nächster Nähe zu mir gesessen war, kam ums Leben. Weil ich das immer noch in Erinnerung habe, weigere ich mich, nach Stabiä zu gehen. Nach Baiä allerdings werde ich reisen, wenn du, wie du versprochen hast, dorthin kommst. Leb wohl!   Geschrieben in Rom am 26. Juli

Claudia hat Sorge um ihre beiden älteren Kinder: Tertia wird ihren Ehemann Nonius in die Provinz Asia begleiten und dort mindestens zwei Jahre bleiben. Gaius wird eine Studienreise nach Griechenland machen. Das bedeutet für Claudia eine lange Trennung von ihren Kindern und die ständige Sorge um deren Gesundheit und die glückliche Heimkehr.

Valerius wird einige Zeit im Landgut von Stabiä verbringen; das kommt aber für Claudia als Urlaubsort nicht in Frage, da sie dort ein schweres Erdbeben miterlebt hat; sie kam damals zwar mit dem Schrecken davon, aber eine ihrer Sklavinnen kam in den Trümmern ums Leben. Claudia zieht den Badeort Baiä vor.

XXIX. PIRATEN

Valerius sucht Cäcilius auf und bringt einen Brief mit. „Gaius fiel in die Hände von Seeräubern! Er begab sich von Athen nach Rhodos, jetzt ist er ein Gefangener. Wenn ich nicht erfülle, was sie fordern, wird ein grausames Schicksal ihn in früher Jugend dahinraffen. Der Preis wird nicht verringert werden…"

Cäcilius: „Schieb die Sache nicht auf, Crispus! Lass alle Dinge sein und rette deinen Sohn! Neulich soll ein Grieche getötet worden sein, weil das Geld nicht innerhalb der Frist aufgebracht worden war."

Valerius: „Bevor Gaius das zustößt, werde ich sterben. Ich werde mich töten, bevor…"

Cäcilius: Crispus, wohin versteigst du dich?! *Ich berichte, was andere berichteten. Ein Gerücht wird größer, indem es umhergeht.* Ich habe jene Schandtat erzählt, um Gaius zu retten, nicht um ihn zu verderben. Du wirst nichts bewirken, indem du verzweifelst. Du vergleichst Gaius mit jenem Fremden: Aber um wie viel unterscheidet sich ein römischer Bürger von so einem Griechen! Einen römischen Bürger zu entführen ist nicht ungestraft möglich. Wenn man sich an diesem vergreift, muss gegen die Seeräuber Krieg geführt werden. Also werden sie sich vor Schwert, Folter und Kreuzigung hüten. Sie werden daher Gaius aus Angst vor Bestrafung und aus der Hoffnung auf Geld keine Gewalt antun. *Ertrage und halte aus, Schlimmeres hast du schon ertragen!"*

Valerius: „Niemals habe ich Schlimmeres ertragen! Meinem Sohn droht der Tod oder schimpfliche Sklaverei! Denn die Frist, um das Geld aufzubringen, ist sehr kurz. Ich brauche die Hilfe der Freunde, um das zu bezahlen."

Cäcilius: „Bediene dich unserer finanziellen Mittel! Auch unsere Söhne hätten geraubt werden können. *Ich bin ein Mensch, nichts Menschliches ist mir fremd, glaube ich."*

Valerius: Wie kann ich euch das danken?

Cäcilius: Das ist eine spätere Sorge! Kaufe deinen Sohn frei! Danach bringt die Sache vor den Senat! Vielleicht wirst du das Geld zurückerhalten, wenn die Seeräuber von den römischen Truppen bezwungen worden sind."

Römer hatten einen ungeheuren Nationalstolz. Wer nicht Latein sprach, war für einen Römer ein Barbar, ein Mensch zweiter Klasse. Dennoch gehörten in Rom seit etwa 200 Jh. v. Chr. griechische Sprachkenntnisse zur höheren Bildung; gebildete Römer bewunderten die griechischen Kulturleistungen immerhin so sehr, dass sie ihre Söhne zum Abschluss der Ausbildung nach Griechenland schickten, wo sie meist zwei Jahre lang bei namhaften Rhetoriklehrern hospitierten.

Griechen wiederum wussten um ihre historischen Errungenschaften auf dem Gebiet der bildenden Kunst, der Architektur, Mathematik und Physik, der Literatur, Philosophie, Rhetorik und des Staatswesens. Nur militärisch waren sie den Römern unterlegen und ins römische Imperium als Provinz Achaia eingegliedert worden.

Provinzbewohner besaßen nur in Ausnahmefällen das römische Bürgerrecht. Sogenannte Fremde, also Nichtrömer, d. h. Menschen ohne römisches Bürgerrecht, waren absolut benachteiligt, vor allem hatten sie nahezu keinen Rechtsschutz. Ein Verbrechen an einem Fremden kümmerte einen Römer nicht; ein Verbrechen an einem römischen Bürger konnte ein Kriegsgrund sein.

Die Römer dachten dabei nicht rassistisch: Nicht die ethnische Zugehörigkeit war für die Rechtsstellung und die Wertschätzung eines Menschen ausschlaggebend, sondern allein der Besitz des römischen Bürgerrechts.

Menschenrechte, die allen Menschen dieselbe Würde zusprechen, kannten die Römer ebenso wenig wie andere antike Völker. Daraus resultierte auch, dass alle antiken Völker Sklaverei als legitim betrachteten.

XXX. KATZENJAMMER

Modestus: Patron, ich bin zugrunde gerichtet!"

Valerius: „Woher hast du diese Wunden? Warst du in einen Tumult bei den Gladiatorenspielen verwickelt?"

Modestus: „Ich meide die Arena, sodass mich einige für einen Christen halten. Denn mein Bruder starb als Gladiator. Aber mein Verwandter Velox jagt wilde Tiere. Neulich erzählte er mir: ‚Die Bärin gibt ihren neugeborenen Jungen durch das Lecken mit der Zunge Gestalt. Der Löwe gibt ihnen Leben durch sein Gebrüll. Der Phönix wird aus der Asche wiedergeboren. In Alexandria werden Katzen nach Ägyptischem Ritus bestattet. Ich glaube das, während meine Freunde darüber lachen. Velox lügt nicht, da er ein ehrlicher Mann ist."

Valerius: „Erkläre mir die Angelegenheit!"

Modestus: In der Nacht kommt im Traum eine so große Katze auf mich zu, dass ich von Schrecken erfüllt werde. Sie greift mich an; ich wache auf. Aus Angst vor dem Vorzeichen, will ich in der Früh nicht aus dem Haus gehen. Velox will, obwohl ich ihm das gestanden habe, mit mir spazieren gehen. Schließlich gebe ich ihm nach. Als wir bei der Porta Ostiensis eine Katze erblicken, werde ich von dem Omen so bewegt, dass wir in eine Taverne gehen. Dort drinnen sitzt eine Katze, die so schwarz ist, dass man sie nicht sehen kann. Ich stolpere (über sie), ich fühle in meinem Fuß einen so großen Schmerz, dass ich auf keine Weise gehen noch stehen kann. Die Katze flüchtet und wirft einige Trinkbecher um, sodass Wein verschüttet wird. Die Gäste versuchen ihr das heimzuzahlen (sich dafür zu rächen). Aber keiner erwischt das Tier. Von irgendeinem wird ein brennendes Holzscheit, das er aus dem Herdfeuer genommen hat, geworfen; eine Amphore wird getroffen. Öl entzündet sich. Irgendein Dummkopf versucht, die Flammen mit Wasser zu löschen, sodass der Brand noch angeregt wird. Weil alle zugleich zu entkommen suchen, entsteht ein Kampf aller gegen alle. Mit der Hilfe des Velox entkomme ich. Aber weil ich die Katze erschreckt habe, fordert man nun Geld von mir…"

Valerius: „Du wirst es nicht zahlen und du wirst nicht verurteilt werden. (Es gibt) Kein Verbrechen ohne ein Gesetz."

Modestus hat sich in der Taverne den Fuß verletzt, als er über die Katze des Wirtes stolperte. Die Wunden stammen aus dem Gerangel, das unter den Gästen entstand, weil alle gleichzeitig aus dem brennenden Gastraum zu entkommen suchten.
Der Brand entstand, weil die Leute falsch reagierten: Weil die Katze ihre Becher mit Wein umstieß, wollen sie sich an dem Tier rächen, einer wirft ein brennendes Holzscheit, trifft eine Amphore, aus der Öl ausfließt, das sich sofort entzündet. Der schlimmste Fehler aber ist es, einen Ölbrand mit Wasser löschen zu wollen, weil dadurch Funken nach allen Richtungen sprühen.
Der Wirt will von Modestus als dem Verursacher Schadenersatz verlangen; Valerius aber weiß als Jurist besser Bescheid: Der Brand wurde durch ein Tier verursacht; das brennende Holzscheit hat ein anderer Gast geworfen. Diesen müsste der Wirt wegen Fahrlässigkeit auf Schadenersatz klagen. Von Seiten des Modestus liegt weder böse Absicht noch Fahrlässigkeit vor, und es gibt kein Gesetz, nach dem Modestus haftbar gemacht werden kann. Es ist sogar gut möglich, dass ein römischer Rechtsgutachter befindet, der Wirt habe fahrlässig gehandelt, weil er die Katze nicht aus dem Eingangsbereich seiner Taverne entfernt habe, und er müsse für den erlittenen Schaden selbst aufkommen.

XXXI. DIE REDE DES MARCUS

Marcus: „Quintilian trug mir auf, eine Rede zu halten."
Valerius: „Du bist sein Schüler, um die Redekunst zu erlernen."
Markus: „Er trug mir auf, die beste Verfassungsform des Staates zu behandeln. Ich habe zu Minerva gebetet, dass sie mir beistehe, damit mir daraus keine Anfeindung entstehe und ich nicht den Zorn des Kaisers erfahre."
Valerius: „Von da (entsteht) also die Schwierigkeit!"
Markus: Ich hatte mir vorgenommen, die drei Verfassungsformen nach Platon zu erklären: ‚Verschieden sind die Bezeichnungen der Herrschaft, weil die Macht entweder einem Monarchen oder dem Adel oder dem Volk zugeteilt ist. Eine Verfassungsform geht in die andere über.' Das habe ich nicht ausgeführt, weil ich bemerkt hatte: Daraus folgt, dass das Kaisertum nicht dauerhaft ist. Nachdem ich das erkannt hatte, habe ich das Vorhaben aufgegeben. Unter diesen Umständen wünsche ich, dass niemand von mir eine solche Rede verlangt."
Valerius: „Gehe die Geschichte durch, um die Übereinkunft und die gemischte Verfassung des Staates als die beste aufzuzeigen. Nachdem sich die Macht der Könige in eine Willkürherrschaft gewandelt hatte, wurden nach der Vertreibung der Könige Konsuln gewählt. Weil die Nachbarvölker uns unter Vertragsbruch den Krieg erklärten, geschah es manchmal, dass aufgrund der Machtbefugnis des Senates ein Diktator ernannt wurde. Damals, als uns nach einigen uns zugefügten Niederlagen Hannibal bedrohte, stellte ein einziger Mann durch sein Zögern die Republik wieder her. Nach dem Sieg über die Punier wurde Rom das Zentrum (die Hauptstadt) der Welt. Aber nachdem die Furcht vor den Karthagern beseitigt war, fand man heraus, dass jener Spruch ‚*Teile und herrsche!*' auch auf die Stadt Rom zutrifft. Bürgerkriege entstanden. Es kam heraus, dass Cäsar der Republik ein Ende machte. Diese stellte Augustus nach dem Ende der Bürgerkriege wieder her. Du wirst verschweigen, dass diese nur dem Namen nach wiederhergestellt ist, weil das Volk statt der Macht, der Herrschaft und der Provinzen nach Brot und Spielen verlangt. Erzähle die Fabel des Redners Menenius Agrippa! *Halte dich an das Thema, die Worte werden folgen!*"

Valerius und seine Familie gehören der im Grunde immer noch republikanisch gesinnten intellektuellen Oberschichte an. Markus will die Monarchie nicht bejubeln. Deshalb fürchtet er, mit dem „Mainstream" in Konflikt zu geraten und sich und seine Familie durch den Zorn des Kaisers in große Gefahr zu bringen, falls dieser vom Inhalt seiner Rede erfährt.
Valerius rät seinem Sohn, kein Werturteil abzugeben, sondern die Abfolge der Verfassungsformen in der Geschichte Roms darzustellen und so dem Problem auszuweichen.
Ein Rhetor widmet sich der Kunstform der Rede mit allen dazu gehörigen sprachlichen Mitteln; dagegen vertritt ein Orator ein Anliegen, von dem er in der Regel selbst überzeugt ist. Diese Form der politischen Rede, die den moralischen Anspruch auf Wahrheitsgehalt und Überzeugungsarbeit setzte, war in der römischen Kaiserzeit nicht mehr möglich.

XXXII. ZWILLINGE

Valerius fragte seine Freunde um Rat, um seinen Sohn den Gefahren zu entreißen, als ein Brief gebracht wurde, in dem Nonius meldet:

„Du sollst wissen, dass mir an den Parilien Zwillinge geboren wurden, Tertia ist wohlauf. Sie erwies sich in sehr gefährlicher Lage als außerordentlich tapfer, ohne ihre Mutter und in meiner Abwesenheit, da ich auf Inspektion in das Innere der Provinz gereist war. Schon ist sie außer Lebensgefahr, aber es wird ihr befohlen, sich immer noch zu schonen, man verbietet ihr, Anstrengungen auf sich zu nehmen. Sie hört auf uns, die wir uns um ihre Gesundheit sorgen. In der Sorge um die Kinder wird sie von Sklavinnen unterstützt.

Sobald ich die Kinder anerkannt (vom Boden aufgehoben) hatte, löste ich der Diana meine Gelübde ein. Davon bin ich überzeugt: Die Göttin schonte das Leben meiner Gattin. Denn während Tertia in Ephesos Zwillinge zur Welt brachte, nahm ich in Magnesia an Opferzeremonien für Diana teil. Sagt auch ihr deren göttlichem Walten Dank! Es scheint ein glückliches Vorzeichen, dass Tertia gerade am Gründungstag Roms die Zwillinge geboren hat...“

Der Freund Priscus freut sich über dieses Götterzeichen: Er weiß wohl, dass die Vestalin Rhea Silvia Zwillinge geboren und sie die Nachkommenschaft des Mars genannt hat. Er weiß auch, dass sie ausgesetzt, von einer Wölfin ernährt und von einem Hirten aufgezogen wurden und schließlich die Stadt (Rom) gegründet haben. Priscus rief daher aus: „Sei gepriesen, unser Numitor! Du hast Romulus und Remus als Enkel bekommen! Wer von beiden wird Regent sein?“

Valerius nimmt das mit diesen Worten auf: „Neidest du etwa Tertia ihr Glück? Weder ist mein Bruder ein Verbrecher, noch wird Tertia wegen ihrer Nachkommenschaft sterben! Auch werden meine Enkel nicht nach der Kaiserwürde streben. Sie sollen einträchtig sein! Ihr Götter, achtet nicht auf seine Worte, wendet das böse Omen ab!“

Sobald er dies gesagt hatte, musste er niesen. Der gute Wunsch schien angenommen.

Nonius übermittelt seinem Schwiegervater Valerius die freudige Nachricht, dass Tertia Zwillinge geboren hat und selbst nach der schwierigen Geburt wohlauf ist. Er betont besonders ihre Tapferkeit: Tertia hat bei ihrer ersten Entbindung keine Verwandten um sich, auch Nonius war wegen einer Dienstreise nicht anwesend, um ihr Beistand zu leisten.

Der Freigelassene Priscus, der nur halb gebildet ist, vergleicht Valerius in freudiger Anteilnahme, mit Numitor, dessen Enkel mit Romulus und Remus. Er lässt dabei aber die negativen Seiten dieser Überlieferung außer Acht. Valerius reagiert deshalb empört und erschrocken; er versucht das sofort gut zu machen; plötzlicher Niesreiz beim Gebet wird in Rom als Zustimmung der Götter verstanden.

XXXIII. WAS WIRD AUS GAIUS?

Nachdem das Geld gesammelt worden ist, treffen sich die Freunde. Jeder hat seinen Teil beigetragen. Auch die Vestalin Licinia hat mitgeholfen. Valerius fragt gerade den mutigsten Freund: „Wer von uns wird den Verbrechern das Geld überbringen?“ Ein jeder wird von den fürchterlichen Schandtaten jener abgeschreckt. Während die übrigen Hinderungsgründe aufzählen, sagt Philippus: „Ich werde die furchterregende Sache übernehmen.“

Valerius: Wir kennen deine lobenswerte Treue, Klugheit und Tapferkeit. Aber für die wilden Seeräuber scheinst du je umsichtiger, desto verdächtiger. *Was es auch sein mag, ich fürchte die Danaer, selbst wenn sie Geschenke bringen.“*

Philippus: Fortuna steht den Mutigen bei. Wir müssen Gaius auslösen. Also muss man das Geld am festgesetzten Tag überbringen. Das muss ich übernehmen. Ich bitte dich, das nicht zurückzuweisen. Ich verachte den Tod und werde mich der Gefahr aussetzen und Gaius nicht im Stich lassen. Man muss sich hüten, aber man darf nicht verzweifeln. Bitte, gib mir nach: Tapfer und klug müssen wir handeln, um Gaius zu retten. Danach wird die Sache vor den Kaiser gebracht werden, damit diese (Piraten-)Plage vernichtet wird. Es ist unerträglich, dass römische Bürger gefangen genommen, gefesselt und eingekerkert werden. *Es gibt ein Maß in den Dingen, es gibt schließlich (für alles) Grenzen!“*

Geschrei erhebt sich. Sextus Nonius tritt ein und – *wie der Wolf im Märchen* - Gaius! Beide werden voll Freude empfangen. Gaius, der der väterlichen Obhut zurückgegeben ist, berichtet: „Der Sklave

Dorus verkleidete sich als sein Herr (=Gaius), damit ich flüchten konnte. Mir wurde befohlen, als Bote nach Rom zu gehen. Ich suchte aber nicht Rom (die Stadt) auf, sondern den nächsten Marine-Hafen, den Sextus befehligte. Nachdem ich ihn über alles, was ich beobachtet hatte, unterrichtet hatte, führte er die Flotte dorthin. Nach dem Sieg über die Seeräuber und der Befreiung der unversehrten Gefangenen erwarb er sich größtes Lob. *Er kam, sah und siegte!*"

Die Situation des Gaius ist prekär; auf die Seeräuber ist kein Verlass, ihre Reaktion ist unberechenbar, sie sind zu allem fähig. Daher ist die Übergabe des Lösegeldes ein großes Wagnis, das auch mit dem Tod des Überbringers enden kann. Valerius fürchtet vermutlich, dass Philippus nicht der richtige Typ für diese Aufgabe ist, da er kein Schlitzohr und den Schachzügen der Piraten möglicherweise nicht gewachsen ist. Philippus aber hofft auf ein glückliches Schicksal bzw. auf die Hilfe der Fortuna. Es sei Zeit, den Piraten und ihrem Treiben einen Riegel vorzuschieben.
Gaius und Sextus Nonius (der Bruder von Tertias Ehemann) treffen überraschend ein. Gaius wechselte mit seinem Sklaven Dorus das Gewand, sodass er - als vermeintlicher Sklave – als Bote nach Rom geschickt wurde und frei kam. Er suchte den nächsten römischen Marinestützpunkt auf, wo Sextus Nonius Befehlshaber war. Der konnte die Seeräuber mit seiner Flotte erledigen.
Gaius gebraucht den Ausspruch Veni, vidi, vici, der Cäsar zugeschrieben wird. Allerdings stammt er nicht aus Cäsars Mund, sondern wurde geprägt, um die Genialität und das Geschick des Feldherrn Cäsar zu charakterisieren, der bei der Eroberung Galliens vorgefundene Gegebenheiten und gebotene Chancen augenblicklich erfasste und darauf mit den richtigen Schachzügen reagierte.

XXXIV. REGIERUNGSWECHSEL

Valerius: „Sterbend wurde er aus einem Sterblichen (Menschen) ein Ewiger. Denn an Geistesgröße stand er nicht den Alten nicht nach, die vom Volk über das Maß gefeiert werden. Dieser ist nicht in die Unterwelt hinab gestiegen, sondern zu den Göttern erhoben worden, glaube ich. Niemals hat er das (von den Göttern gesetzte) Recht verletzt. An Tugend und an Standfestigkeit war er keinem unterlegen. Mit gleicher Gerechtigkeit und Milde ausgestattet, ließ er niemanden ohne einen gerechten Grund hinrichten. Denen, die darum baten, pflegte er Gnade zu gewähren."
Cäcilius: „*Indem er viel verzeiht, wird der Mächtige mächtiger…*"
Licinius: „*Gerechtigkeit heißt, jedem das Seine geben.* Es geschah, dass jener, durch Geld bestochen, einem Unwürdigen ein Ehrenamt verkaufte. Ihr wisst, dass niemand Statthalter wird, außer er bringt ein Geschenk, um eine Provinz zu bekommen."
Cäcilius: „Wirst du Statthalter werden, wenn sich Titus, um ein Exempel zu statuieren, unbestechlich zeigt? Ich will nicht davon sprechen (ich übergehe), dass du bei gegebener Gelegenheit Geschenke forderst. *Unter geändertem Namen wird die Geschichte über dich erzählt…*"
Licinius: „Ich verstehe: *Was Jupiter erlaubt ist, ist dem Rindvieh nicht erlaubt.* Die Bestechung beklage ich nicht, weil sie eine alte Gewohnheit ist. Und ich gleiche auch nicht Cato, weil *innerhalb der Mauern Trojas gesündigt wird und außerhalb.* Dennoch meine ich, dass Habsucht verachtenswürdig ist und jenes ‚*Geld stinkt nicht*' zurückzuweisen."
Valerius: „Durch das Einführen von Abgaben kam Vespasian in große Kritik. Ihm hatten die Götter die Gelegenheit gegeben, den Staat zu retten, sie hatten ihm die Aufgabe anvertraut, das Imperium wieder herzustellen. Das konnte wegen des Geldmangels nicht ausgeführt werden. Er schonte wahrhaftig weder sich noch seine Angehörigen (die Seinen). Er gab Geld aus, um die Stadt wieder aufzubauen. Er unterstützte Not leidende Senatoren, er ließ das Flavische Amphitheater bauen.…"
Licinius: „Verschone mich. Ich gebe dir nach: *Über Geschmacksfragen kann man nicht diskutieren.*"

Valerius honoriert die Leistungen Vespasians, der Rom – das durch den Brand unter Nero arg zerstört war - wieder aufbaute, der kein politisch motiviertes, ungerechtes Todesurteil fällt, der Begnadigungen erließ und Unterstützungen großzügig verteilte, kurz der sich von seinen Vorgängern positiv abhob.
Seine Freunde dagegen kritisieren Vespasian als habsüchtig und bestechlich. Er führte neue Abgaben ein, um die Staatskasse zu sanieren, und war bestechlich bei der Vergabe hoher politischer Posten.
Heute verlangt man von Politikern persönliche Integrität und Unbestechlichkeit, sowie selbstverständlich die Einhaltung der Gesetze.

XXXV. EINE WARNUNG UND IHRE FOLGEN

Valerius: „Davus? Was willst du? Sprich!"

Davus: Es geschah etwas, das ich in Gegenwart von Zeugen nicht verraten wollte. Urteile selbst, von wie viel Bedeutung es ist. Zwei Sklaven waren, nachdem sie des Nachts heimlich aus dem Haus gegangen waren, bei Sonnenaufgang noch nicht zurückgekehrt.

Valerius: „Sag, wer das war."

Davus: „Die Sueben."

Valerius: „Ich schaudere vor jenem *Etwas bleibt Immer hängen*".

Davus: „Ich spreche die Wahrheit. Ich bin ehrlich. Frag sie selbst, wo sie gewesen sind, wann, wie, warum sie aufgebrochen sind."

Valerius wundert sich, warum Syrus ihn nicht informiert hat. „Ich werde eine Befragung machen", sagt er. „Ich werde erfahren, ob sie einen Hinterhalt gegen irgendjemanden planen." Die Beschuldigten bitten ihren Herrn, sie zu schonen. Dem Syrus sagt er „Gestehe, wohin sie gegangen sind und Warum du deine Pflicht vergessen hast."

Syrus: „Sie sind fort gegangen, um ihren Gott zu verehren, sie haben keine böse Tat begangen."

Valerius: „Sie sind Christen?"

Syrus: „Sie verehren Christus als ihren Gott durch Lieder und ein harmloses Mahl. Sie verpflichten sich durch einen Treueeid, kein Verbrechen zu begehen, ein gegebenes Wort nicht zu brechen und anvertrautes Gut bei der Rückforderung nicht abzuleugnen."

Valerius: „Ihr habt gesehen, mit welchen Strafen Christen bestraft werden!"

Flava: „Ich erinnere mich an die Standhaftigkeit, mit der sie in den Tod gingen, sodass sogar die Zuschauer sie bewunderten."

Valerius: „Ich fragte mich immer wieder, was sie bei solchen Hinrichtungen erhofften, da Pontius Pilatus Christus kreuzigen ließ."

Rufus: „*Christus ist auferstanden, wird wiederkommen zu richten die Lebenden und die Toten. Ich werde nicht sterben, sondern leben. Christus siegt, Christus ist König, Christus herrscht.*"

Valerius: Ein verkehrter, maßloser Aberglaube! Dennoch werde ich Verrückte nicht wie Verbrecher verfolgen. Ihr werdet auf mein Landgut gehen. *Die verwünschte Arbeit besiegt alles.*"

Davus hat das merkwürdige Verhalten der beiden Mitsklaven mit Misstrauen beobachtet; er befürchtet wohl böse Folgen für ihn selbst, falls sie beispielsweise einen Anschlag gegen ihren Herrn planen. Valerius ist vorsichtig, er bedenkt die Möglichkeit, dass die Anzeige eine Intrige aus persönlicher Feindschaft gegenüber den Beschuldigten sein könnte. Er will sich selbst vom Wahrheitsgehalt überzeugen.

Die Aussagen des Syrus und der beiden Beschuldigten kann Valerius nicht richtig verstehen; die Christen meinen mit den Begriffen nicht das, was vordergründig damit gesagt wird. Die Begriffe wurden christlich umgedeutet.

Syrus scheint über ihr Tun informiert zu sein und verteidigt die beiden. Flava erwähnt die Zuschauer der Hinrichtungen, weil offensichtlich auch Valerius im Publikum saß. Dieser war aber wenig beeindruckt vom Mut der Christen, er hält sie eher für verblendet. Rufus ergreift die Gelegenheit, seinem Herrn in kürzester Form den Kern seines Glaubens zu vermitteln. Valerius hält die beiden Sklaven daraufhin aber für verrückt.

Er versetzt sie auf sein Landgut, weil er sie nicht in seiner engsten Umgebung haben möchte, er will wohl auch vermeiden, dass sie andere mit diesem „Aberglauben" anstecken. Die harte Arbeit auf dem Landgut, so hofft er, wird ihnen ihre Verrücktheiten austreiben; er will sie dadurch auch von ihren Glaubensgenossen isolieren.

Valerius trifft eine harte Entscheidung, ist aber nicht brutal. Er könnte sie auch mit Schlägen bestrafen oder gar als Christen anzeigen, was für sie das Todesurteil, für ihn ein finanzieller Schaden wäre.

XXXVI. SCHIFFBRUCH IN DER ÄGÄIS

Während Claudia die Rückkehr ihrer Tochter erwartet, wird sie durch einen Traum erschreckt. Sie sieht, dass Laokoon, von Wasserschlangen bedrängt, sich in Nonius verwandelt. Von Angst erschüttert sucht sie den Tempel des Castor auf und macht ein Gelübde.

Chrysipp meldet eine Katastrophe. Im Ägäischen Meer haben Schiffe Schiffbruch erlitten.

Valerius: „O schwarzer Tag! Wir wären längst über die Ankunft unserer Verwandten (der Unsrigen) benachrichtigt worden, wenn sie nicht ums Leben gekommen wären. Wenn sie noch lebten, wären sie schon da. Die Ärmsten! Falls ihre Leiber nicht im Grab ruhen können, schweifen sie als Schatten umher. Falls das erfunden sein sollte, gehen sie dennoch in den Orkus. Wenn einer ein solches Unglück vorhergesehen hätte, hätten wir Tertia geraten, Nonius nicht zu begleiten. O ungerechtes Schicksal! Dass unsere kleinen Enkeln so umgekommen sind, ist kaum zu ertragen!"

Chrysipp: „Wenn es so sein sollte, tut es mir leid. Aber *der Weise steht aufrecht unter jeder Last. Er klagt nicht, dass alles, was auf einen Menschen fallen kann, auf ihn gefallen ist.*"

Valerius: *„Wenn du geschwiegen hättest, wärest du ein weiser Mann geblieben."*

Siehe, da trifft ein Brief des Nonius ein: „Auf unserer Überfahrt haben wir, weil bei Ikaria ein Seesturm losbrach, Irrfahrten ertragen, die eines Odysseus würdig gewesen wären. Wir beteten zu den Göttern, dass das Schiff nicht kentern möge. Es wäre untergegangen, wenn nicht die Matrosen Ladung ins Meer geworfen hätten. Das Schiff brach auseinander, als es auf der Insel Kreta landete, und wider Erwarten gingen wir an Land, nichts außer unser Leben war gerettet. Jenes Wort *‚Der Weise trägt seinen ganzen Besitz bei sich'* war unser Trost. Die Einwohner der Insel nahmen uns gastfreundlich auf. Von da fuhren wir bei günstigem Wetter nach Brindisi. Wenn wir uns erholt haben, werden wir auf der Via Appia nach Rom fahren. *Das ist der einzige Lohn für so große Beschwernisse:* ins eigene Haus zurück zu kehren. Lebt wohl!

Valerius erfüllt in Begleitung von Claudia den Göttern *froh, gerne und verdient* die Gelübde.

Claudia deutet ihren Traum, wie jeder Römer ihn gedeutet hätte, als Vorzeichen eines bevorstehenden Unheils: Laokoon kam der Sage nach mit seinen beiden Söhnen durch Seeschlangen ums Leben, die sie erwürgten. In ihrem Traum verwandelt er sich in Nonius, der sich mit seinen beiden Söhnen und seiner Frau gerade auf der Schiffreise nach Italien befindet.

Chrysipp überbringt die Nachricht, dass mehrere Schiffe in der Ägäis infolge eines Seesturms untergegangen seien. Über Nonius und Tertia hat er keinerlei konkrete Information. Valerius ist verzweifelt, er kann sich nicht vorstellen, dass seine Verwandten dem Seesturm entkommen sind; er bedauert vor allem seine Tochter und die Babys. Nach römischem Glauben finden Unbestattete auch im Jenseits keine Ruhe. Das ist für ihn noch schlimmer als der Tod. Deshalb reagiert er auf die Trostworte des Chrysipp gereizt und abweisend. Chrysipps Worte zeugen von wenig Mitgefühl, sie sind in dieser Situation nahezu beleidigend, weil sie Valerius die Weisheit absprechen. Valerius muss das als gefühlloses Geschwätz empfinden und gibt Chrysipp die richtige Antwort.

Nonius, Tertia und die Kinder gerieten in den Seesturm; durch das Abwerfen von Ladung konnte das Schiff aber bis vor Kreta manövriert werden, wo die Fahrgäste an Land gingen. Sie haben nichts außer ihr Leben gerettet. Sie wurden von den Bewohnern aufgenommen und versorgt, konnten nach Brindisi weitersegeln, von wo sie bald auf dem Landweg nach Rom gelangen werden.

XXXVII. ERHOLUNG AM TRASIMENISCHEN SEE

Das Fest des Neptun verbringt Nonius mit den Seinen in Etrurien. Sie opfern den Laren, seinem Genius und vor allem dem Neptun. Die Verwandten kommen auf Besuch.

Valerius, der die Größe und den gepflegten Stil des Gebäudes bewundert, sagt: „Du möchtest nicht glauben, dass das Landhaus so weitläufig ist. Es könnte einer sagen, ich irre mich, aber ich habe noch nie ein schöneres gesehen. Denn das Haus ist so errichtet und ausgestattet, dass man entweder auf den Trasimenischen See oder auf das Apenninen-Gebirge Ausblick hat. Außerdem ist sie außerordentlich schön ausgestattet: Dort sieht man Orpheus, zur Lyra singend, dort Bacchus mit Ariadne, hier Proserpina, die von Pluto (Dis) geraubt wurde.

Tertia: „Wer hätte nach dem Schiffbruch geglaubt, dass wir hier Luft, Sonne und Freizeit genießen werden? O Nonius, ohne dich wäre ich nicht gerettet worden! Ich würde Proserpina, die Königin des Schattenreiches (der Schatten) grüßen."

Calpurnius bewundert die mit Delphinen verzierten Trinkgläser. „Wer möchte leugnen, dass manchmal Delphine einem Schiffbrüchigen zu Hilfe kommen?"

Cäcilius: „Ich leugne das."

Calpurnius: „Soll ich nicht glauben, was ich selbst gesehen habe? Als ich in Afrika eine Legion befehligte, habe ich ein solches wundersames Ereignis mit angesehen: Einige Knaben schwammen und wetteiferten, wer von ihnen, auf seine Kräfte vertrauend, auf das Meer hinaus schwimmen könnte. Dem, der am weitesten hinaus geschwommen ist, folgt ein Delphin, er schwimmt unter ihn, hebt ihn auf und trägt ihn an den Strand. Ja, das geschah sogar täglich. Aus Freude über die neuartige Sache wagte der Knabe, weit auf das Meer hinaus zu schwimmen, der Delphin war gewohnt, ihn an den Strand zurück. Die Gewohnheit machte sie vertraut (sicher). Als alle Furcht beseitigt war, spielten sie immer wieder vor Zuschauern, bis der Stadt die Verarmung drohte. Denn von überall her kamen römische Beamte, um das anzuschauen. Da die Stadträte gezwungen wurden, diese in kostenloser Gastfreundschaft aufzunehmen, ließen sie das Tier heimlich töten. Was hätten sie tun sollen? Freilich ist die Sache eines Denkmals würdig."

Das Haus des Nonius liegt in Etrurien, am Trasimenischen See. Es ist eine weitläufige Anlage, weist nach zwei Seiten Fenster auf, mit Blick auf den See und auf den Apennin. Es ist reich ausgestattet, auch mit Wandmalereien, die Szenen aus der griechischen Mythologie zeigen.

Es ist auch aus moderner Zeit bekannt, dass Delphine Menschen aus Seenot retten. Diese Episode hat übrigens der römische Autor und Politiker C. Plinius Secundus (der Jüngere) in einem Brief an einen Freund beschrieben, unter Angabe des Ortes Hippo. Er beruft sich auf glaubwürdige Augenzeugen.

XXXVIII. EIN „GASTFREUND"

Valerius beschloss: „Brechen wir nach Stabiä auf." Da tritt Tertulla, die Frau des Ämilius ein: „Was soll ich tun? Hilf mir, Crispus! Schützt mich! Ich werde sterben, bevor ich zulasse…. Die Erde soll mich bedecken, bevor ich dulde….!"

Valerius: „Die Götter mögen sich beschützen, Tertulla. Was fürchtest du?"

Tertulla: „Wenn ich doch meinem Mann nach Numidien gefolgt wäre! Wenn er doch da wäre! Wenn Furius doch nicht da wäre! Er soll nach Spanien zurückkehren! Wir nahmen den talentierten und gebildeten jungen Mann in Gastfreundschaft auf. Nach der Abreise des Ämilius begann er mit punischer Hinterhältigkeit mehr von mir zu fordern, mit seltener Kühnheit… - Auf welche Weise soll ich es ausdrücken? Für eine anständige Frau ist das schwer zu sagen!"

Valerius: „*Für einen weisen Menschen ist es genug.* Er versucht dich – *verzeih das Wort* – zu verführen, vermute ich."

Tertulla: „Er hat bewirkt, dass ich ihn verachte. Aber von Leidenschaft entflammt hört er nicht auf, um mich zu werben. Er komponiert Lieder, um mich umzustimmen. Möge Cupido nicht auch mich noch treffen! Dessen Bogen und leichte Pfeile verabscheue ich!"

Valerius: „Ich werde Ämilius benachrichtigen."

Tertulla: „Tu das nicht! Denn er hält auf den Grundsatz: „*Es soll auch die andere Partei gehört werden.* Bewirkt nicht, dass mir Furius, von verkehrter Leidenschaft entflammt, Gewalt antut. Ich könnte Lukretia folgen, die – nachdem ihre Ehrgefühl durch Gewalt verletzt worden war – Selbstmord verübte."

Valerius: „Verzweifle nicht! Ich könnte den Kaiser bitten, dass er den redegewandten Furius zu den Parthern schickt."

Tertulla: „O, wenn uns das gelingen möchte!"

Valerius: „Furius wird sich über die Ehre freuen. Du aber, sieh dich vor, bis er abgereist ist. Deshalb verlass dein Haus. *Die Welt will betrogen werden.* Sag, du seist durch ein Vorzeichen gemahnt worden, Claudia auf ihrer Reise auf ihr Landgut zu begleiten. *Was du auch tust, tu es klug und bedenke das Ziel!"*

Tertulla beklagt sich über die Zudringlichkeit des Gastfreundes Furius, den sie und ihr Mann zu Hause beherbergen. Seit der Abreise ihres Mannes, der in Numidien ein hohes militärisches Amt antreten soll, bedrängt Furius Tertulla immer dreister. Sie wagt es kaum auszusprechen, was sie befürchtet – in früheren Zeiten sprach man über Sexualität und Partnerschaft nicht so offen wie heute.
Valerius hat eine kluge Lösung parat: Er wird sich beim Kaiser dafür verwenden, dass Furius in den äußersten Osten des Imperiums, gesendet wird. Bis dahin wird Tertulla Claudia in Baiä Gesellschaft leisten.

XXXIX. CÄCILIUS IN SCHEIDUNG?

Cäcilius hatte behauptet, solches müsse von der Ehefrau nicht beachtet werden. Ämilia glaubte, dass sie verspottet werde. Voll Zorn ging sie so weit, dass sie sich in ihr Schlafzimmer zurückzog und sagte: „Ich hasse dich und werde dich niemals zu mir lassen." Seither fragt Cäcilius, ob sie Schuld auf sich geladen habe. Er zweifelt an ihrer ehelichen Treue (er hat Zweifel, ob sie keusch sei.) Er überlegt, ob er die Scheidung vollziehen werde. Er fragt Valerius um Rat, ob er sein Vorhaben gut heiße oder nicht.

Cäcilius: „Was ich beschlossen habe, werde ich ausführen. *Der Würfel ist gefallen."*

Valerius: „Tu nichts unbedacht. *Eile mit Weile*, da du deine Frau immer noch liebst."

Cäcilius: Sag, woran hast du erkannt, ob ich Ämilia liebe oder nicht?"

Valerius: „Du leidest, weil du ausgesperrt bist."

Cäcilius: „Ich brenne in Liebe zu Ämilia. Aber sie ist es gewohnt, mich auszusperren und sich über mich zu beklagen. Die Gewohnheit ist wie eine zweite Natur. Du hättest Ämilia sehen sollen (Wenn du Ämilia gesehen hättest), als sie mir die Liebe zu Acme vorwarf. Ich fürchtete, dass sie handgreiflich wird. Sie bot den Anblick der tobenden Medea, die niemand gehindert hatte, ihre eigenen von Jason empfangenen Kinder zu töten."

Valerius: „Hat nicht Jason Medea Grund zum Toben gegeben? Sag, ob du Acme oder Ämilia fortschicken wirst. Acme hat einen hellen Teint, ist lieblich und anmutig, Ämilia ist der Venus ähnlich."

Inzwischen fragt Ämilia Claudia um Rat: „Als ich Cäcilius heiratete, hoffte ich auf immerwährende Harmonie (Eintracht). Doch er kümmerte sich nie um das, was ich wünschte, fürchtete oder litt. Ich befürchte, er liebt mich nicht. Als ich hoffte, er Acme werde fortgeschickt werden, führte er sich auf wie der rasende Herkules. Ich gab Acht, nicht bedroht zu werden. Vergeblich überlegte ich, wie ich ihn besänftigen könnte. Gespräche werden Auseinandersetzungen."

Claudia: „Ihr sollt zum Heiligtum der Viriplaca gehen. Dort werdet ihr miteinander sprechen und gegenseitig Verzeihung erlangen."

Weder Cäcilius noch Ämilia will sich wirklich scheiden lassen. Dass beide unter dem Ehestreit leiden, ist ein Zeichen dafür, dass sie einander immer noch lieben. Aber beide sind schwer gekränkt: Cäcilius hat Ämilias Gefühle nie wahrgenommen, Ämilia fühlt sich durch die Beziehung ihres Mannes zu Sklavin Acme erniedrigt. Cäcilius glaubt, er sei im Recht und versteht Ämilias Aufregung nicht; ja, er vermutet sogar eine Untreue und traut ihr jede Kurzschlusshandlung zu.
Während der Mann sich das Recht einer Liebesbeziehung zu einer anderen Frau herausnimmt, wäre es ein Scheidungsgrund, wenn seine Frau das Gleiche machen würde. Ja, ein Römer dürfte seine Frau, wenn er sie beim Ehebruch ertappen würde, sogar eigenhändig töten!
Claudia rät, die Viriplaca aufzusuchen. Im Namen dieser Göttin – „Versöhnerin des Mannes" - spiegelt sich der gesellschaftliche Anspruch: Der Mann muss besänftigt werden; die Frau muss die Versöhnung herbeiführen, ihre Aufgabe ist es nachzugeben. Das ist nicht unsere Vorstellung von Partnerschaft und keine Beziehung auf Augenhöhe. Dennoch hatte die Römerin, verglichen mit anderen Kulturen, eine relativ freie Stellung.

XL. EINE SELTSAME WOLKE

Valerius erlaubte dem Stephanus, dass er sich aus Altersgründen zu seiner Tochter zurückziehe. Daraufhin wählte er den Freigelassenen Alexander aus, der er dem Stephanus nachfolgen sollte. Daher inspiziert er sein Landgut.

Am Fest des Gottes Vulkan werden alle Bewohner des Landguts von einem (leichten) Erdbeben beunruhigt. Am folgenden Tag weist Markus ungefähr zur siebenten Stunde (gegen 13:00 Mittag) darauf hin, es erscheine eine Wolke von bemerkenswerter Größe und wunderlichem Aussehen, die sich aus dem Vesuv erhebe. Valerius, der schon aus dem Ätna Feuer ausbrechen gesehen hat, fordert die Seinen auf: „Flüchten wir! Die Sklaven sollen das Gepäck zusammentragen, die Fahrzeuge herausführen und die Lasten verteilen. Den Hund lasst von der Kette los! Beeilt euch! Lacht mich nicht aus! Wir haben Grund uns zu fürchten!"

Mit höchster Geschwindigkeit eilen sie nach Misenum. Auch in Pompeji halten sie sich nicht auf, weil sie fürchten, dass ihnen die Weiterfahrt versperrt wird, wenn sich die Straßen mit Asche füllen. Inzwischen leuchten aus dem Vesuv gigantische Flammen auf. Es wird dunkelste Nacht.

Valerius: „Wir wollen die Straße verlassen und zusehen, dass wir nicht nach einem Sturz von der Menge der Begleitenden auf der Straße niedergetreten werden!"

Sie rasten (setzen sich nieder), trinken etwas kühles Wasser und erwarten das Ende, nachdem sie Lichter angezündet haben. Die einen flehen zu den Göttern, andere rufen, dass es keine Götter gebe. Es gibt Leute, die sagen, dass sogar Rom brenne und das Kapitol eingestürzt sein.

Plötzlich ist da Schwefelgeruch, der Vorbote des Brandes. Das Feuer hält zwar weiter weg an, wieder ist dunkle Nacht. Sobald das Tageslicht wieder zurück ist, erreichen die Flüchtenden Neapel. Die Rückkehr in ihr Landgut ist ihnen genommen. Denn die Landgüter und drei Städte Kampaniens, die am Fuß des Vesuvs lagen, sind verschüttet. So vergeht der Ruhm der Welt.

Der bislang letzte Ausbruch des Vesuv im März 1944.
Im Vordergrund die Großstadt Neapel mit dem Hafen.
Quelle: https://commons.wikimedia.org/wiki/File:Napoli_eruzione_Vesuvio_1944.jpg

28

Am 23. August erschüttert ein leichtes Erdbeben das Gebiet um den Vesuv. Die Bewohner sind beunruhigt, da dieser Tag ausgerechnet das Fest des Vulkan ist, des Gottes des Feuers und der vulkanischen Tätigkeit.
Am 24. August sieht Markus als erster eine große Wolke von bemerkenswerter Form aus dem Vesuv aufsteigen. Valerius hat schon einmal einen Ausbruch des Ätna miterlebt, erkennt die Gefahr und rät zur sofortigen Flucht. Er gibt genaue Anweisungen, er denkt auch an den Hund, der an der Kette liegt. So gelingt es ihm und seinen Begleitern, rechtzeitig aus der Gefahrenzone zu kommen. Ihr Ziel ist Misenum, wo sich ein großer Militärhafen befindet. Von dort könnten sie auch mit dem Schiff nach Rom weiter reisen. Doch die Straße führt am Rand der unmittelbaren Gefahrenzone vorbei. Obwohl sie sich nirgends lange aufhalten, kommen sie im Gedränge der vielen Flüchtenden nicht schnell weiter, auch wegen der absoluten Finsternis, die durch die Vulkanasche hereinbricht. Es ist stickig und heiß, die Luft riecht nach Schwefel, es ist stockfinster, obwohl es Tag ist. Die Menschen um sie herum sind außer sich vor Angst. In der Ferne sehen sie die glühenden, sich herab wälzenden Lavaströme und die hohen Flammen glühender Gase, die aus dem Vesuv auflodern. Erst nach einigen Tagen erreichen sie Neapel, sie sind dort in Sicherheit und das Tageslicht kehrt zurück. Später erfahren sie, dass ihr Landgut unter der Lava und dem Gesteinsregen begraben wurde.

XLI. FINANZPROBLEME

Zu Herbstbeginn kehrt Valerius nach Rom zurück. Nach der Zerstörung seines Landgutes samt allem Zubehör ist seine Finanzlage einigermaßen knapp. Claudia sagt ihm: Sie werde ihm schenken, was ihm für das (zur Erhaltung des Standes) nötige Mindestvermögen fehle. Er möge ihr vertrauen. Hätten etwa den Mäzenas die Gesetze daran gehindert, seiner Frau Geschenke zu machen? Dieser habe seinen Gegnern, die ihm die wiederholte Scheidung von Terentia und seine wiederholte Heirat mit ihr zum Vorwurf machten, entgegnet, er müsse ihr Geschenke machen, damit sie zu ihm zurückkehre. Valerius aber glaubt, dass man Gesetze einhalten müsse. Er meint, dass ein Mann, der sich die Güter seiner Frau aneigne, sich Schande zuziehe.
Dann befragt Valerius seinen Sohn Markus: Cäcilius berichtete, dass dieser den Geldverleiher Alfius aufgesucht habe. Möge er keinen Fehler übergehen! Denn aus dem Streben nach Luxus würden alle Laster geboren. Er möge seinen Sohn, der die Disziplin der Vorfahren vergessen habe, sofort korrigieren, damit dieser nicht seine Geduld missbrauche. Wenn Markus sein Handeln aber bereue, möge Valerius die Strenge zurücknehmen!
Auf die Frage des Vaters antwortet Markus, er habe aufrechten Sinn. Der Vater möge keine Falschmeldungen glauben! Er habe den Sohn des Alfius aufgesucht, der sich ein Bein gebrochen habe. Einst habe Catilina verweichlichte und schwache Charaktere junger Männer verdorben, um durch sie den Staat unter seine Gewalt zu bekommen. Einige habe es gegeben, die – nach Verschwendung ihres Vermögens – alles getan hätten, was er ihnen befohlen habe. Einige hätten sich verschworen, hätten die getötet, von denen sie geboren und erzogen wurden, und hätten schließlich die Waffen gegen die eigene Heimat gerichtet. Er würde sich niemals - weder aus Not noch aus Geldgier- in eine solche Sklaverei versetzen lassen. Er sei davon überzeugt: *Was ehrenhaft ist, das ist auch nützlich.*"
Schließlich meldet Plinius der Jüngere, der Erbe seines Onkels, er habe dem Valerius eine nicht geringe (testamentarische) Zuwendung überschrieben.

Valerius muss nach dem Verlust seines Landgutes, eines florierenden Wirtschaftsbetriebes, und wegen der Ausgaben für Tertias Hochzeit, die noch nicht wieder eingebracht sind, die Rückversetzung in den Ritterstand fürchten. Claudias Angebot will er aus Ehrgefühl nicht annehmen, außerdem will er sich an das Gesetz halten, das Schenkungen unter Eheleuten verbietet.
Markus hast Alfius nicht aufgesucht, um Geld zu leihen, sondern um dessen verletzten Sohn zu besuchen. Er kennt die Geschichte des Catilina, der junge, verarmte Adelige um sich scharte und sie zu seinem Privatheer machte, mit dem er einen, allerdings rechtzeitig vereitelten, Putschversuch organisierte. Er beruhigt seinen Vater, er würde sich niemals in eine solche Abhängigkeit begeben.

XLII. STADTMAUS UND LANDMAUS

Quintus Crispus an seinen liebsten Bruder

In häufigen Briefen ermunterst du mich, nach Rom zu übersiedeln. Dennoch folge ich nicht deinem Wunsch, weil für mich erwiesen ist, dass mir das Stadtleben nicht gut tut. *Glaube einem Erfahrenen,* erinnere dich an die vergangene Zeit. Nachdem ich im Gallien jenseits der Alpen (in der Provinz Gallia transalpina) unter der Kälte des Klimas gelitten hatte, wurde ich in Rom von heftigem Fieber geplagt. Im darauf folgenden Winter ging ich aus Rätien fort. Was ich dann durchlitten habe, will ich kein zweites Mal erleiden. *Aus Schaden wird man klug (Was schadet, lehrt).*

Was würden mir Reichtum, Ehren und Gunst nützen, wenn ich sterben würde? Jenes Wort ‚*Es ist angenehm und eine Auszeichnung, für das Vaterland zu sterben'* passt zu einem Soldaten. Wenn ich aber entkräftet von einer Krankheit dahin gerafft werde, wem soll das nützen? Es ist besser, dass ich lebe und mich meinen Studien widme, für die Zeit zu haben ich mich freue. Aber ich werde das Leben nicht in Schweigen vorübergehen lassen wie die Tiere: Beglückwünscht mich zu meinem 'ehrenvollen Ruhestand' es gibt im Vergleich dazu nichts Angenehmeres!

Gallien jenseits des Po (die Provinz Gallia transpadana) werde ich nicht freiwillig verlassen. Denen, die mir die Vorzüge der Stadt versprechen, antworte ich: *Berge liegen in Wehen, geboren wird eine lächerliche kleine Maus.* Ich füge hinzu*: Das Hemd ist näher als der Mantel* (die Tunika ist näher als der Mantel) oder ich verwende eine Fabel: Eine Stadtmaus brach einst auf das Land zu einem Verwandten auf. Die Landmaus setzte ihr die Gaben der Ceres vor, welche die Stadtmaus kaum anrühren wollte. Nachdem die Stadtmaus nach Hause zurückgekehrt war, brach die Landmaus auf, um sich die Annehmlichkeiten der Stadt anzueignen. Ihr tischte die vornehme Verwandte die besten Speisen reichlich auf. Die Landmaus kam sich glückselig vor. Fröhlich genossen sie das Abendessen, als sich plötzlich eine Katze sich anschlich. Hals über Kopf (eiligst) fliehen die Mäuse. Die Landmaus aber kehrte nach Hause zurück, zufrieden mit ihrem Leben.

Freu dich, dass auch ich entkommen bin! Ich folge Epikur, der mahnte: ‚*Nütze den Tag!'*
Leb wohl!

Quintus Crispus hat mehrere hohe Funktionen in mehreren Provinzen ausgeübt und erfreut sich nun seines Privatlebens, in das er sich ganz zurückziehen will. Er nennt es seinen wohl verdienten Ruhestand, obwohl er dafür noch ziemlich jung ist. Er weiß sich bestens zu beschäftigen; er widmet sich seinen Studien, der Lieblingsbeschäftigung eines wohlhabenden Römers. Das Klima seiner Heimat, der Gallia transpadana, ist seiner Gesundheit förderlich. Das Leben in Rom, möge es noch so glänzend sein, die Gunst des Kaisers und Auszeichnungen sucht er nicht mehr. Er hält die Vorzüge des Stadtlebens für durchaus entbehrlich, ja für nur scheinbares Glück.

Er ist sich bewusst, dass seine Verwandten, auch sein Bruder Valerius, diese Einstellung nicht teilen und vielleicht nicht nachvollziehen können. Dennoch muss er sich entscheiden, wie es für ihn am besten ist.

Als Vorbild nennt er den Philosophen Epikur, der den Rückzug ins Privatleben als Lebensideal propagierte, ganz im Gegensatz zu den stoischen Philosophen, die es als Lebensaufgabe gebildeter Menschen ansahen, sich in den Dienst an der Gemeinschaft zu stellen, d.h. politische Ämter zu bekleiden und durch entsprechende Berühmtheit in der Erinnerung der Menschen weiter zu leben.

Aus seiner von Epikur geprägten Haltung steht Quintus dem Spruch des Dichters Horaz ‚Es ist angenehm und eine Auszeichnung, für das Vaterland zu sterben' kritisch gegenüber. Dieser Spruch ließ sich auch in der modernen Geschichte allzu leicht missbrauchen.

XLIII. EIN BRIEF AUS BONN

Der Statthalter Licinius grüßt seinen Freund Crispus

Du kennst den Gaius Julius Aper, den Sohn des Gaius Julius, aus der Tribus Cornelia, den Zenturio der 16. Legion Primigenia. Du hast gehört, dass dieser im 20. Jahr seines Militärdienstes im Krieg gegen die Bataver getötet wurde. Du hast erfahren, dass die Legion das angegriffene Castra Vetera befreit hat. Die zurückkehrenden Soldaten machten in Noväsium einen Aufstand, weil sie gehört hatten, dass Germanien und Gallien durch den Krieg brannten und ihnen die erbitterten Barbaren drohten. Sie riefen, sie würden umzingelt werden und beschuldigten den Feldherrn des Verrats. Nach der Ermordung des Feldherrn lieferten sie das Lager dem Feind aus.

Unter den romtreuen Soldaten war Aper, er ging aus Noväsium fort und verteidigte Köln (die Colonia Agrippinensis). Es zeigte sich, dass diese befestigte Stadt vergeblich Hilfstruppen herbeigerufen, den Zugang gesichert und Schutzmannschaften postiert hatte. Die Bürger wurden belagert, durch Wachen und Hunger geschwächt und konnten den Kriegsdienst nicht länger ertragen. Sie kapitulierten unter der Bedingung, dass die Soldaten nach Niederlegung der Waffen hinausgelassen würden. Der Feind aber griff die Unbewaffneten auf dem Weg hinaus an. Das war ihr Untergang. Diejenigen, die sich in eiliger Flucht retten wollten, gingen in den Sümpfen zugrunde. Der Vater des Aper, ein Veteran derselben Legion, schied an dem Tag, an dem er gehört hatte, dass sein Sohn so umgekommen war, aus dem Leben. Ihn hast du als sein Erbe bestattet.

Du fragst dich, warum ich das berichte: Neulich griff uns eine Schar von Chatten an. Nachdem diese bezwungen worden waren, fanden meine Soldaten, als sie sich der Beute bemächtigten, einen Sklaven der Barbaren, der Latein sprach: Aper hat überlebt und ist – *alles fließt und nichts ist, das auf der ganzen Welt Bestand hat* - nach dem Heimkehrerrecht heimgekehrt. Wenn doch sein Vater diesen Tag gesehen hätte!

Es ist nötig, dass Aper in seine alten Rechte wieder eingesetzt wird. Deshalb bitte ich dich, dass du dem Unglücklichen ohne Verzögerung das Erbe überlässt (als Erbe weichst). Ich erwarte deinen Antwortbrief. Lebe wohl!

Julius Aper war Zenturio in der 16. Legion Primigenia, die in Noväsium (Neuss) stationiert war. Nach einer Meuterei der römischen Soldaten und der Ermordung des Feldherrn kam er als einer der romtreuen Soldaten nach Köln, wo seine Truppe der Bevölkerung zu Hilfe kam. Wegen des Hungers mussten die Bewohner kapitulieren, die Feinde sagten den Soldaten freies Geleit zu, griffen die Unbewaffneten aber an. Wer nicht niedergemetzelt wurde, fand in den Sümpfen der Umgebung den Tod. Aper entkam lebend, wurde aber für tot gehalten. Sein Vater verstarb, als er die Nachricht von der Katastrophe erhielt. Aper wurde offenbar durch Germanen gefangen genommen und versklavt. Bei der Verteilung von Beute fiel er römischen Soldaten auf, da er Latein sprach. So konnte seine Identität festgestellt werden. Nun ist er heimgekehrt und soll in seine alten rechte wieder eingesetzt werden.

Licinius bittet Valerius, dem das Erbe von Apers Vater zugefallen war, dem heimgekehrten Aper das Erbe ohne Umschweife abzutreten. Es ist sehr wahrscheinlich, dass Valerius diese Bitte selbstverständlich erfüllen wird. Falls er einen Teil davon bereits veräußert haben sollte, wird er Aper wohl den Wert ersetzen.

Die Situation des römischen Heeres am Rhein, wo die Grenze des römischen Reiches zum freien Germanien verlief, war schwierig. Ständige Angriffe durch mehr oder weniger große Germanentruppen zermürbten auch die Kampfmoral der römischen Soldaten. Meutereien waren selten, hatten aber katastrophale Folgen. Germanen waren abgehärtet, unberechenbar, hatten weitaus bessere Ortskenntnisse und – modern gesprochen - die Kriegstaktik von Partisanen. Immer wieder überfielen sie in Blitzaktionen römische Kohorten und Transporttruppen, machten dabei mitunter enorme Beute und fügten den Römern hohe Verluste zu. An Verträge mit den Römern hielten sich Germanen selten.

Die Römer stießen hier auch militärisch an ihre Grenzen. Etwa ein Jahrhundert später sollte das römische Imperium seine größte Ausdehnung haben. Doch schon zur Zeit Vespasians zeigten sich deutlich die Schwierigkeiten, einerseits der Grenzsicherung, andererseits der Kampfmoral des Heeres und der Rekrutierung immer neuer Truppen.

XLIV. RÖMER, KELTEN UND GERMANEN

Cäcilius: Dass der alte Mann von Aquileia nach Pannonien, Norikum und Rätien ging, war Wahnsinn. Aber *Über Verstorbene nur Gutes!*

Valerius: Steht der Tod des Nummosus fest?

Cäcilius: Ich zweifle nicht daran, dass er umgekommen ist.

Luzius Ämilius: Er lebt. Hört, was er geschafft hat: Er besuchte Virunum, Teurnia, Aguntum und Juvavum (Salzburg). Am Ende des Sommers war er auch nach Biriciana (Weißenburg) gekommen. Diese Stadt der Vindeliker jenseits der Donau liegt etwa 100 Meilen von Radasbona (Regensburg) entfernt. Dort klagte der Fürst Adnamatus, ein Verbündeter der Römer, dass Titus Krieg gegen die Markomannen führen wolle. Schon würden die Statthalter das Notwendige besorgen, den Verbündeten Hilfstruppen abverlangen und Leute auswählen, die die Gebiete der Feinde auskundschaften sollten.

Im Jahr zuvor hätten die Germanen Truppen mobilisiert (gesammelt) und die Vindeliker angegriffen. Die Hoffnung auf Beute habe die Feinde zum Krieg angestachelt. Weil das Getreide auf den Feldern reif war, sei der Zeitpunkt günstig erschienen.

‚Die Meinen‘, sagte er, ‚beriefen eine Ratsversammlung ein und beschlossen, dass das Unrecht gerächt werden müsse; sie sammelten ein Heer, nachdem sie Mut für eine zweite Schlacht gefasst hatten. Nach erlittener Niederlage schickte ich Gesandte, die die Römer rufen sollten. Sie kamen unverrichteter Dinge zurück. Es fehlte nicht viel, dass Biriciana, von allen Seiten angegriffen, eingenommen worden wäre. Ohne jede Hoffnung bat ich um Frieden und gab meinen Sohn Vegetus als Geisel. Es verging kein Tag, an dem ich nicht um ihn fürchtete. Auf der einen Seite standen die Germanen, auf der anderen die Römer, beide bewaffnet. Wird es nötig sein, meinen Sohn dem Tod zu überliefern, damit die Stadt nicht zugrunde geht?‘ Weil Nummosus schwieg, warf Adnamatus ein: ‚*Wer schweigt, scheint zuzustimmen.*‘ Es musste unbedingt sein, dass Nummosus antwortete. Er sagte: ‚*Das sind die Tränen des Lebens*‘. Es gab niemanden, der nicht annahm, er würde sofort nach Aquileia zurückkehren. Doch zu Beginn des Winters traf er in Moguntiacum (Mainz) ein, mit Vegetus, den er versteckt aus der Gefangenschaft der Germanen herausgeholt hatte. Und er rezitierte Vergil: *Du sei dir deiner Berufung bewusst, die Völker souverän zu regieren, Römer - diese Kunst wirst du verstehen - und ihnen die Friedensordnung der zivilisierten Welt aufzuerlegen, die Unterworfenen zu schonen und die im Krieg niederzuzwingen, die sich vermessen dagegen erheben.*

Vegetus stimmte zu. Er wird einen Heeresflügel der Hilfstruppen anführen. In der Zwischenzeit setzten wir dem Mithras, dem unbesiegten Sonnengott, einen Altar.“

Der Keltenfürst Adnamatus, ein Verbündeter der Römer, wird von Germanen angegriffen. Nach einem misslungenen Vergeltungsschlag und einem erfolglosen Hilferuf an die Römer muss er mit den Germanen Frieden schließen und seinen Sohn als Geisel geben. Nun rücken die Römer heran, Adnamatus steht zwischen zwei Fronten: Bricht er den Frieden mit den Germanen, wird sein Sohn getötet.

Adnamatus kennt Nummosus als einen erfahrenen, klugen, mutigen Mann, der als römischer Bürger auch von Nichtrömern geachtet wird. Vielleicht erhofft sich der Kelte, dass Nummosus ihm weiterhelfen kann. Nummosus spricht nicht viel, doch er fühlt mit Adnamatus. Er denkt nach, ob und wie er ihm helfen kann: Als Händler hat er relativ leichten Zutritt in Siedlungen und Militärlager; er handelt mit Wein und könnte dafür sorgen, dass die Aufmerksamkeit der Wachmannschaft durch Alkoholeinfluss herabgesetzt wird. Eine solche Gelegenheit nützt er vermutlich auch, um Vegetus unbemerkt – wohl unter seinen Waren versteckt – aus der germanischen Gefangenschaft zu befreien.

Adnamatus kann nun die Römer beim Angriff auf die Germanen ungehindert unterstützen. Eine Niederlage der Germanen ist wahrscheinlich, Biriciana hätte dann für einige Zeit Ruhe.

Das Vergilzitat beschreibt das imperialistische Selbstverständnis der Römer: Sie fühlen sich berufen, ein Weltreich zu regieren und ihre Kultur und Sprache auch in den letzten Winkel dieses Reiches zu bringen. Aufmüpfige werden brutal unterworfen, Kapitulierende geschont. Das ist die Maxime des Imperialismus schlechthin. Nummosus aber deutet dieses Zitat hier auf sich und die Situation des Adnamatus um: Die germanischen Angreifer werden mit Hilfe der Römer unterworfen, die Kelten als Verbündete favorisiert. Die Friedensordnung ist gerettet. Der Römer Nummosus, obwohl Zivilist, hat dabei eine entscheidende Rolle gespielt.